W0271426

DUMONT
DIREKT

Hongkong

Oliver Fülling

Inhalt

Das Beste zu Beginn

Singen ist gesund
Singen ist gut für das Wohlbefinden und so kann man in der Temple Street gleich südlich vom Tin Hau Temple (► S. 62) allabendlich an den dort aufgebauten Karaokeständen mit Gleichgesinnten ein stimmliches Fitnessprogramm absolvieren.

Blick in die Zukunft
Die Hongkonger vertrauen ihren Gottheiten. Machen Sie es wie die Einheimischen und lassen Sie sich die Weissagungen der Götter für Ihre Zukunft von den Wahrsagern am Wong Tai Sin Temple (► S. 82) oder an den Ständen, die abends an der Market Street (► S. 62) aufgebaut werden, deuten.

Erinnerungsstücke
Wer sich die Erinnerung an die köstliche chinesische Küche in Hongkong plastisch bewahren möchte, kann seine Lieblingsgerichte in appetitlicher, in Plastik gegossener Form als Schlüsselanhänger bei sich tragen. Verkauft werden sie auf dem Temple Street Market (► S. 62).

Schlange stehen fürs Mittagessen
Mal ehrlich, wer würde sich bei uns vor einem Restaurant in eine lange Warteschlange einreihen? Tun Sie es dennoch einmal, zumindest zur Mittagszeit in Hongkong Central. Niemanden stört's, die Zeit wird zum Kontakte knüpfen, Schwatzen, Telefonieren oder für ein schnelles Spielchen auf dem Smartphone genutzt. Und wenn man endlich dran ist, wird man mit einem leckeren Essen belohnt.

Dinner privat
Nichts geht über ein Dinnererlebnis in einer der trendigen Privatküchen. Adresse? Fehlanzeige. Die bekommen Sie erst, wenn Sie Ihr – zugegeben nicht ganz billiges – Dinner auch buchen, z. B. bei Keas Kitchen (thailändisch), www.keaskitchen.com, auf einem Boot in Aberdeen, Eat Ethio (äthiopisch), www.eatethio.com, oder Cuore (italienisch), http://cuoreprivatechef.com.

Affentheater
Wilde Affen in Hongkong? Aber ja! Zu ihnen gelangen Sie mit Bus 81 ab einer der Haltestellen an der Nathan Road zwischen den MTR-Stationen Jordan und Prince Edward bis Shek Lei Pui Reservoir. Lange suchen müssen Sie nicht: Die Affen werden Sie auf den Wanderwegen entlang der hiesigen Stauseen finden.

!

Erlebnis Busfahrt
Billig, aufregend, gut: Hongkongs Stadtbusse fahren bis in den letzten Winkel der Stadt. Die landschaftlich schönsten Trips bieten die Fahrten mit der Linie 6 vom Exchange Square Bus Terminus nach Stanley (► S. 50), der Linie 15 vom Central Pier 5 auf den Peak (► S. 35) und der Linie 94 von der Sai Kung Bus Station (Anfahrt mit Bus 92 von der MTR-Station Diamond Hill bis Sai Kung) zum Wong Shek Pier. Diese Route führt durch den malerischen Sai Kung East Country Park, der für private Autos gesperrt ist, und bietet einen schönen Eindruck von den Hongkonger *country parks*.

Graffiti
Vandalismus? Fehlanzeige. Jedes Jahr lockt das Graffiti-Festival Sprayer aus aller Welt an. Die besten Graffiti finden Sie an den alten Festivalstandorten Sheung Wan, Stanley und Sham Shui Po. Infos unter hkwalls.org.

Hongkong auf Schusters Rappen
Zahlreiche herrliche Wanderwege in Hongkongs Bergwelt vermitteln nicht nur ein ganz neues Stadtgefühl, sondern bieten auch eine schöne Auszeit von der Hektik und dem Lärm der Stadt (► S. 83).

Ich liebe zwar das Gewusel Hongkongs, aber dennoch brauche auch ich mal eine Pause vom steten Menschenstrom. Wenn Sie mich treffen wollen: Ich liebe den schattigen Platz vor dem Tin-Hau-Tempel, auf dem das Leben etwas zum Stillstand kommt.

Fragen? Erfahrungen? Ideen?

Ich freue mich auf Post.

@ *Mein Postfach bei DuMont:*
fuelling@dumontreise.de

Das ist Hongkong

Der britische Außenminister Lord Palmerston zeigte sich 1841 verschnupft über die neue Kolonie und sah lange keinen Sinn in der Gewinnung eines felsigen Eilands. Erst 1843 entschied die britische Regierung, dass sie die »jämmerliche Insel« Hong Kong behalten wolle. Doch die britischen Kaufleute hatten den strategischen Vorteil Hongkongs schon früh richtig erkannt, und in den folgenden 156 Jahren sollte die Kolonie eine Oase relativen Friedens an der Peripherie einer vom Untergang geprägten, gewalttätigen chinesischen Welt werden. Die Rückgabe an China 1997 nutzte die Stadt für einen beispiellosen Strukturwandel: weg von der Industrieproduktion hin zu einer reinen Dienstleistungsgesellschaft. An der Schnittstelle zwischen dem Marktpotenzial des Perlflussdeltas und der Weltwirtschaft erfüllt Hongkong eine Doppelfunktion als Drehscheibe des Chinageschäfts sowie als international führendes asiatisches Dienstleistungs- und Finanzzentrum.

Stadt der Zukunft

Wer auf dem ultramodernen, vom britischen Stararchitekten Sir Norman Foster entworfenen Hong Kong International Airport landet, der betritt eine futuristische, aus Glas und Stahl konstruierte Welt auf einer künstlich aufgeschütteten Insel, die von modernster Technik gesteuert und beherrscht wird. Gewaltige, das Meer in ästhetischen Bögen überspannende Hängebrücken führen hinüber auf das Festland und weit über das Meer in das 60 km entfernte Macau. Ein filigranen Netz über- und untereinander verlaufender Hochstraßen und Autobahnen führt Bewohner und Besucher hinein in die Straßenschluchten von Kowloon oder Hong Kong Island, während die Flughafenzüge und ab 2019 die Superexpresszüge aus China unter modernsten Hightechdomen enden.

Traditionen in den Straßenschluchten

Fast schon verschämt ducken sich zwischen den bisweilen über 400 m hohen gläsernen Wolkenkratzern noch einige Dutzend unter Denkmalschutz stehende Kolonialgebäude, während die zahlreichen vom Qualm gewaltiger Weihrauchspiralen eingenebelten Tempel vor Selbstbewusstsein nur so strotzen. In Hongkong ist das 21. Jh. unübersehbar angekommen und dennoch wahrt die Stadt gleichzeitig ihr Erbe aus 5000 Jahren chinesischer und 156 Jahren britischer Kolonialgeschichte.

Magnet für Menschen aus aller Welt

Über 7 Mio. Menschen leben in den riesigen Wohnsilos der bergigen Küstenstadt, die ihren Landhunger seit jeher durch immer neue Landgewinnungsprojekte zu stillen versucht. Damit ist Hongkong von der Einwohnerzahl her gesehen die siebtgrößte Stadt Chinas. Neben den Chinesen gibt es vor allem große Bevölkerungsgruppen von den Philippinen, aus Indonesien, Vietnam und nicht zuletzt aus Nepal, dienten die Nepalesen doch einst als Gurkhas bei den britischen Streitkräften. Daneben leben hier natürlich auch einige Tausend Briten, sehr viel mehr Amerikaner, Kana-

Hongkonger sind stets ›busy‹. Da bleibt keine Zeit, um die Skyline zu bewundern.

dier, Japaner und Koreaner, die überwiegend in Hongkongs Finanzsektor beschäftigt sind. Sie alle haben zum einzigartigen Mix aus chinesischer Tradition, asiatischem Fleiß und britischem Understatement beigetragen, der das besondere Flair der Stadt ausmacht.

Ein Fels in der Brandung

Der Berg- und Talfahrt der letzten Dekade, die durch die asiatische Finanzkrise, die SARS-Epidemie und durch die weltweite Wirtschaftskrise ausgelöst wurde, trotzte die Metropole wie ein Fels in der Brandung. Die Touristen strömen wieder nach Hongkong, das auf kleinstem Raum mehr Menschen Platz bietet, als sich Europäer das vorzustellen vermögen. Das Zentrum mit seinen Himmel stürmenden Büro- und Wohntürmen leuchtet, glitzert und feiert 365 Tage im Jahr rund um die Uhr. Die Küche ist so bunt und international wie die multikulturelle Bevölkerung und das Nachtleben so abwechslungsreich, dass sich Hongkong locker mit London, Paris oder New York messen kann. Hongkongs Reichtum ist unübersehbar und die Stadt gilt als eine der teuersten der Welt. Wohl nicht zuletzt deshalb hält sie die weltweite Spitzenposition im Fast-Food-Verzehr. Eine Reise ist vor allem außerhalb der Hauptsaison dennoch absolut erschwinglich.

Wander- und Naturparadies

Hongkong ist nicht nur ein Moloch aus Glas und Beton, sondern auch ein Paradies für Wanderer und Aktivsportler. 262 meist unbewohnte Inseln versprechen unberührte Natur und hervorragende Wassersportmöglichkeiten. Dazu gibt es 24 sogenannte *country parks,* die immerhin 40 % der Stadtfläche ausmachen und von attraktiven Wanderwegen durchzogen sind. Selbst Hong Kong Island ist überaus grün und stets fühlt man die Berge im Rücken oder hat das Meer vor Augen.

Hongkong in Zahlen

1
lautet der Platz als wettbewerbsstärkste Stadt der Welt.

20
% der Landfläche bestehen aus steilen Berghängen mit mehr als 30° Steigung.

26
% der bebauten Fläche befindet sich auf Gebieten, die durch Aufschüttung von Land gewonnen wurden.

73
km ist Hongkongs Hafenfront lang.

114
Kolonialgebäude stehen unter Denkmalschutz.

156
Jahre lang war Hongkong britische Kronkolonie.

262
Inseln gibt es in Hongkong.

443
km^2 Stadtfläche sind geschützte Country Parks und andere ausgewiesene Schutzgebiete.

538
Vogelarten flattern durch Hongkong.

1649

m² Wasserflächen hat die Stadt. Amsterdam, die wasserreichste Stadt Europas, kommt auf 53 km².

3200

ha Land werden bis Mitte 2030 durch Landgewinnungsmaßnahmen hinzugewonnen, um mit dem Wachstum der Stadt Schritt zu halten.

14 000

Restaurants gibt es in der Stadt, 9350 mehr als in Berlin.

27 330

Personen/km² beträgt die durchschnittliche Bevölkerungsdichte in den bebauten Gebieten.

7 320 000

Menschen lebten 2016 in Hongkong.

12 600 000

Passagiere benutzen täglich die öffentlichen Verkehrsmittel.

18 800 000

Bäume hat die Stadtverwaltung zwischen 2001 und 2011 pflanzen lassen.

56 654 930

Besucher zählte Hongkong 2016.

1303

Wolkenkratzer sind über 100 m hoch, 501 mehr als in New York.

Was ist wo?

Geografisch ist Hongkong kein einheitliches Stadtgebilde, sondern eine Metropolregion, die aus den zwei Städten Hong Kong und Kowloon, die bis heute amtlich als Zwillingsstädte geführt werden, aus zahlreichen Satellitenstädten und 262 Inseln besteht. Wegen des bergigen Reliefs mit vielen steilen Hängen sind nur etwa 24 % der Fläche Hongkongs bebaut. Das beschert der Stadt zwar eine der höchsten Bevölkerungsdichten weltweit, aber gleichzeitig auch weite Flächen unberührter Natur.

Hongkong, das ist für die meisten Besucher Hong Kong Island, eine 80 km^2 große Insel im Perlflussdelta, die fast ausschließlich aus hohen Bergen besteht und vom Festland durch den betriebsamen Victoria Harbour getrennt wird. Offiziell heißt die ehemalige Kronkolonie Hong Kong Special Administrative Region of the People's Republic of China und genießt als solche noch bis zum Jahr 2047 einen hohen Status an Autonomie, auch wenn Beijing (Peking) sich immer wieder in innenpolitische Belange einmischt.

Central und Western District

Die Skyline des **Central and Western District** (🗺 A–D 8–10) auf Hong Kong Island spiegelt nach Meinung vieler Hongkonger den faustischen Charakter ihrer Stadt wider. Hier schlägt der Puls der Stadt, eine Reizflut ohne Ende – berauschend am Tag, bezaubernd in der Nacht, wenn die Insel im Neonlicht erstrahlt. Am ›chinesischsten‹ ist hier noch das Viertel **Sheung Wan** (🗺 Karte 2), einst die ›Chinatown‹ der Stadt, mit dem Restaurant- und Kneipenviertel **SoHo** (🗺 B 9–10). In Central konzentriert sich dagegen Hongkongs Finanzwelt. Mittendrin liegt **Lan Kwai Fong** (🗺 B 10), ein bei Nachtschwärmern beliebtes Viertel.

Wan Chai und Eastern District

Wan Chai (🗺 D–E 9–11) war dank der Romanfigur Suzie Wong lange Zeit das Synonym für Hongkongs Welt der Vergnügungen. Während sich diese Seite im modernen Hongkong eher im Verborgenen abspielt, ist Wan Chai dagegen ganz offensichtlich mit seinem markanten Kongresszentrum der Ort für trendige Kneipen und Restaurants.
Die **Causeway Bay** (🗺 F–G 9–10; kantones. *Tung Lo Wan* = Kupfergong-Bucht) mit interessanten Märkten und zahlreichen Einkaufszentren war einst das, was die frühen Kolonisten als East Point bezeichneten. Südlich von Causeway Bay schließt sich **Happy Valley** (🗺 F–G 11–12) an, wo noch immer die beliebten Pferderennen stattfinden.

Southern District

Stanley (🗺 Karte 5) war jahrhundertelang eines der schlimmsten Piratennester im Perlflussdelta. Nach der Vertreibung der Piraten begannen die wohlhabenden Ausländer ab 1900 in Stanley und an der weiter westlich gelegenen **Repulse Bay** (🗺 Karte 5) ihre Wochenendvillen zu bauen. Ein exklusiver Flecken und beliebter Badeort ist diese Region bis heute. Noch weiter westlich erstreckt sich **Aberdeen** (🗺 Karte 5), jener Ort, der vermutlich der Insel ihren Namen gegeben hat – Heung Gong Tsai (hochchin. *Xianggang Zai* = Kleiner Hafen des Wohlgeruchs), ein Fischerdorf, das für die Herstellung von Weihrauchwaren und den Handel mit Dufthölzern bekannt war.

Noch bis in die 1980er-Jahre war Aberdeen für seinen Dschunkenhafen bekannt.

Kowloon

Kowloon (🗺 A–H 1–7) bezeichnet den Teil Hongkongs, der 1860 in die Kolonie eingegliedert wurde. Der ebenfalls unter dem Namen Kowloon geführte Stadtteil, in dem man sich als Besucher am ehesten aufhält, heißt offiziell Yau Tsim Mong, aber selbst die Hongkonger orientieren sich an den bekannten Vierteln, aus denen der Name des Distrikts zusammengesetzt ist: **Yau Ma Tei** (🗺 C–D 4–5),**Tsim Sha Tsui** (D–E 7) und **Mong Kok** (🗺 C–D 3). Dass Hongkong als Einkaufsparadies berühmt werden konnte, liegt an diesem Stadtteil mit seiner herrlichen Uferpromenade, der noch immer kompromisslos auf Kommerz ausgerichtet ist und zielstrebig dem nie versiegenden Strom der Besucher das Geld aus der Tasche zieht. Die zentrale Achse hier ist die **Nathan Road** (🗺 D–E 2–7), die die wichtigen Wohn-, Markt- und Einkaufsviertel miteinander verbindet.

New Territories

Noch Jahrzehnte nach der Verpachtung 1898 führten die Dörfer der **New Territories** (🗺 Karte 5) ein Dasein, das sich kaum von dem Jahrhunderte zuvor unterschied. Inzwischen sind zwar fast alle ehemaligen Siedlungen zu modernen Satelliten- und Industriestädten mit den unvermeidlichen, hässlichen Wohnsilos geworden, aber gleich in der Nachbarschaft bilden zahlreiche *country parks* die grüne Lunge der Stadt.

Outlying Islands

Anders als in den New Territories haben sich die Dörfer auf den umliegenden **Outlying Islands** (🗺 Karte 5) noch viel von ihrer ländlichen Ruhe bewahrt. Besonders schön und einfach zu erreichen sind **Lantau, Cheung Chau** und **Lamma** (🗺 Karte 5), die mit beschaulichem Inselleben aufwarten. Weitere Gründe für einen Besuch sind die Strände, hervorragende Wandermöglichkeiten, ausgezeichnete Fischrestaurants und zahlreiche Sehenswürdigkeiten.

Schöne Aussichten

Platz ist ein rares Gut in Hongkong und die Hochhäuser wachsen wie Bambus nach dem Regen auf jedem bebaubaren Flecken in die Höhe. Die Nonnen des Chi-Lin-Klosters stört das nicht. Sie ›leihen‹ sich für die Gestaltung der Innenhöfe die Umgebung aus und setzen mit sorgfältig gestutzten Bonsais einen Kontrapunkt. So wirken selbst die Wohnsilos irgendwie schön.

Kunst am Bau ...

... oder Baukunst? Den Arbeitern wird's egal sein. Stück für Stück setzen sie die Bambusstangen zusammen und freuen sich dann, wieder ein Gerüst geschaffen zu haben, das sogar dem stärksten Taifun standhält. Die Stadt erlebt einmal mehr einen gigantischen Bau- und Erneuerungsboom und dabei sind diese allgegenwärtigen und nur in Hongkong zu sehenden Baugerüste sogar noch nachhaltig, wächst doch keine andere Pflanze so schnell nach.

Supermänner

Sie sind die wahren Helden hinter dem Erfolg der Stadt: junge, selbstbewusste Geschäftsleute, die mit immer neuen und immer ausgefalleneren Ideen auffallen und so den wirtschaftlichen Motor Hongkongs am Laufen halten. Groß in Mode ist es zurzeit, neue Geschäftsideen in Superhelden-Kostümen einzuführen.

Ihr Hongkong-Kompass

WOMIT FANGE ICH AN?

#2

Die alte Chinatown – **Hollywood Road und Tai Ping Shan Street**

Das große Glück

#3

Ein Leben im Untergrund – **der Sun Yat-sen Historical Trail**

WO IST DER DOKTOR?

#1

Himmel stürmende Symbole – **rund um den Statue Square**

GELD REGIERT DIE WELT

#15

Sommer, Sonne, Strände – **Lamma**

Pack die Badehose ein

#14

Insel der Ruhe – **Cheung Chau**

AB AUF DIE INSEL

#13

Strände, Dörfer und Buddhisten – **Inselparadies Lantau**

Buddha mit Wow-Effekt

#12

Clangebiet – **der Ping Shan Heritage Trail**

WO ALTES NOCH LEBENDIG IST

#4
Britische Sommerfrische – **The Peak (Victoria Peak)**

#5
Hongkong nostalgisch – **mit der Tram nach Causeway Bay**

#6
Den Taipanen auf der Spur – **Entdeckungen in Causeway Bay**

#7
Heimat der Boat People – **Aberdeen**

#8
Vom Piratennest zum Nobelort – **der Marktflecken Stanley**

#9
Die ›Sandige Spitze‹ – **Uferpromenade und Avenue of Stars**

#11
Märkte, Tempel, Wahrsager – **Yau Ma Tei**

#10
›Nathan's Folly‹ – **entlang der Nathan Road**

1

Himmel stürmende Symbole – **rund um den Statue Square**

Wagen Sie sich ins Auge des Taifuns – in das von internationalen Geldströmen genährte kommerzielle und finanzielle Herz Hongkongs. Auf dem Statue Square sehen Sie die Stein gewordene Macht des Geldes, hier möchte jede Firma von Rang und Namen vertreten sein und so sind die Büroflächen rar, begehrt und teuer.

Wo bin ich nur? Das Tempo rund um den Statue Square macht aber auch schwindelig. Ab und zu verweilen hilft, damit am Ende keine verschwommenen Erinnerungen bleiben.

Dennoch haben es die Stadtväter geschafft, den Platz vor dem Zugriff gieriger Investoren zu schützen und unbebaut zu lassen. Und so dient er als ein Ruhepunkt inmitten allgegenwärtiger Hektik – außer sonntags. Dann nämlich erschallt der Platz vom tausendfachen Geschnatter philippinischer Hausangestellter, die ihren freien Tag genießen.

Zwischen Mammon und Macht

Rund um den Statue Square reihen sich wie bei einer Perlenkette einige der bedeutendsten Bauwerke der Stadt. Im Nordwesten ragt das 1973 erbaute **Jardine House** 1 mit seinen charakteristischen Bullaugen in die Höhe. Nach Nordosten wird der Platz vom 1984 errichteten Hochhaus des exklusiven, 1846 gegründeten **Hong Kong Club** 2 abgeschlossen. Das schmucklose Gebäude stand einst für die moderne Entwicklung der Stadt. An die Gefallenen der beiden Weltkriege erinnert der **Kenotaph** 3 auf der Freifläche davor.

Ein Symbol für den hohen Stellenwert des Geldes in Hongkong ist die **Statue von Sir Thomas Jackson** 4, der im ausgehenden 19. Jh. der unbestrittene Taipan der mächtigen Hong Kong & Shanghai Banking Corporation (HSBC) war. Noch erstaunlicher ist allerdings die Existenz des Platzes selbst. Laut einer Legende soll er von entscheidender Bedeutung für das Fengshui der Hong Kong & Shanghai Bank sein. Tatsächlich aber gab es 1901 eine Abmachung der Bank mit dem Gouverneur, dass dieser Platz »für alle Zeiten« unbebaut bleiben solle.

Wo das Recht zu Hause ist

Die Ostseite des Platzes beherrscht noch immer der wunderschöne spätviktorianische **Sitz des Obersten Gerichts** 5 (Court of Final Appeal) und von 1985–2011 des Legislativrats (LegCo = Legislative Council). Das arkadengeschmückte Bauwerk mit seiner charakteristischen Kuppel wurde 1900 von Aston Webb, dem Architekten des Victoria and Albert Museum in London, entworfen und 1912 fertiggestellt. Der LegCo war das Äußerste, was die Briten an repräsentativer Regierungsbeteiligung zuließen. Das fand auch die chinesische Regierung gut, die keine Konzessionen an mehr demokratische Freiheiten machen musste. Seit 2015 dient das Gebäude wieder als Sitz des Court of Final Appeal.

Die Kathedrale des Geldes

Den südlichen Abschluss des Statue Square bildet die **Hong Kong & Shanghai Bank** 6. »Wäre Geld die Religion Hongkongs, dieses Gebäude wäre ihre Kathedrale«, sagt man hier gerne. Dass die 1865 gegründete Hong Kong & Shanghai Bank

F
FENGSHUI

Wind und Wasser bestimmen seit mehr als 2000 Jahren, wo und wie in China Städte, einzelne Bauwerke oder Gräber konzipiert werden.
Sie glauben es nicht? Fengshui, die chinesische Form der Geomantik, bedeutet wörtlich übersetzt schlicht: Wind und Wasser. Es geht um die Geometrie und Balance eines Ortes und selbst die moderne Technik konnte schlechtem Fengshui kein Schnippchen schlagen. Ein Gebäude an falscher Stelle kann ein ganzes Dorf ruinieren, ein nicht nach Fengshui-Regeln erbauter Firmenkomplex ein Unternehmen. Droht solch Ungemach, gilt der erste Anruf nicht dem Rechtsanwalt oder Konkursverwalter, sondern dem Geomanten, der herausfinden soll, ob die schlechte Ertragslage nicht etwas mit verletzten Fengshui-Regeln zu tun hat.

Was haben Goldfische mit Central zu tun? Ganz viel. Das kantonesische ›yue‹ für Fisch ist gleichlautend mit dem ›yue‹ für Reichtum. Und der wird hier zuhauf produziert.

eines der wichtigsten Geldinstitute Asiens wie auch der ganzen Welt ist, unterstrich sie seit jeher durch extravagante Bauwerke. Die moderne Zentrale wurde 1985 von Norman Foster entworfen und war zu ihrer Zeit eines der teuersten Bauwerke der Welt. Sie sollte Profitstreben und die Bedeutung von Wohlstand, aber gleichzeitig auch die Finanzwelt als treibende, hinter allen Entwicklungen steckende Kraft demonstrieren. Im Inneren ist dieses 47-geschossige Gebäude ein genial verspieltes Hightechkonstrukt aus Glas und Stahl, das mit seinem sich über zehn Geschosse hinziehenden Atrium ein Gefühl von Weite und Raum vermittelt und auf jeder Ebene neue Eindrücke und Perspektiven eröffnet. Das Erdgeschoss ist als überdachte Erweiterung des Statue Square angelegt und lang gezogene, auf Empfehlung von Geomanten (Fengshui-Experten) scheinbar planlos diagonal verlaufende Rolltreppen führen in die ersten Ebenen.

Ein spitzer Stachel im Fleisch der Kathedrale

Doch der wahre Konkurrent der HSBC bohrt jeden Tag einmal seinen spitzen Schatten in die Hong Kong & Shanghai Bank. Triumphierend überragt der außergewöhnliche, nach oben spitz zulaufende Neubau (der Altbau steht links neben der HSBC) der **Bank of China** 7 alle anderen Banken. Die asymmetrische Form dieses 72 Stockwerke hohen Wolkenkratzers ist pure Geometrie. Aus einem quadratischen Sockel wachsen vier dreieckig gestaltete Stämme in die Höhe. Jeder dieser Stämme endet auf einer bestimmten Ebene in einer dramatischen, über sieben Etagen verlaufenden Kante, um schließlich in 369 m Höhe spitz auszulaufen. Entsprungen ist die Bank of China der Fantasie des chinesisch-amerikanischen Stararchitekten Ieoh Ming Pei. Sein Entwurf symbolisiert einen Bambusschössling, Symbol der Unbeugsamkeit, des langen Lebens und des Pragmatismus. Entsprechend sollte sein Wolkenkratzer Pekings Vertrauen in die Zukunft nach 1997 und Hongkong als Modell für die Modernisierung Chinas zeigen. Pei war der geeignete Kandidat für den Bau: Sein Vater war in den 1930er-Jahren der erste Direktor der Bank of China in Hongkong.

Für alle, die hoch hinaus wollen: Bank of China

Hightech im Quadrat

Über den beschaulichen **Chater Garden** 8, früher der Cricketplatz der Stadt, gelangt man nach Überquerung der Queen's Road zum quadratischen Turm des **Cheung Kong Center** 9. In der

INFOS/ÖFFNUNGSZEITEN

Court of Final Appeal 5: 8 Jackson Rd., Central, MTR: Island oder Tsuen Wan Line bis Central, Exit J1.
Hong Kong & Shanghai Bank (HSBC) 6: 1 Queen's Rd., Central, www.hsbc.com.hk, MTR: Island oder Tsuen Wan Line bis Central, Exit K, Mo–Do 9–16.30, Fr 9–17, Sa 9–13 Uhr
Bank of China 7: 1 Garden Rd., Central, www.bochk.com, MTR: Island oder Tsuen Wan Line bis Central, Exit J2, Mo–Fr 9–17, Sa 9–13 Uhr
St. John's Cathedral 11: 4–8 Garden Rd., Central, www.stjohnscathedral.org.hk, MTR: Island oder Tsuen Wan Line bis Central, Exit J2, tgl. 7–18 Uhr
Former French Mission Building 12: 1 Battery Path, Central, nur von außen zu besichtigen
Foreign Correspondents' Club 14: 2 Lower Albert Rd., nur für Mitglieder

KULINARISCHES FÜR ZWISCHENDRIN

Im Basement des **Three Garden Road** 1 (3 Garden Rd.) können Sie bei **Pret A Manger, Starbucks** (beide tgl. 6.30–20.30 Uhr) oder der **Pacific Coffee Company** (Mo–Fr 7–20.30, Sa 7–19 Uhr) einen Kaffee trinken oder im **Simply Life Food Place** (Mo–Fr 7.30–21, Sa 8.30–17.30 Uhr) einen Imbiss oder eine Mahlzeit einnehmen. Alle Lokale haben So geschlossen.

JUNGE MODE

Das **Abercrombie & Fitch** 1 (Pedder Bldg., 12 Pedder St., www.abercrombie.com, Mo–Sa 10–20, So 12–18 Uhr) steht für schicke junge Mode, die auf fünf Etagen präsentiert wird. Doch auch wer keine Kleidung kauft, kommt auf seine Kosten: Es gibt eine exquisite Auswahl an Accessoires.

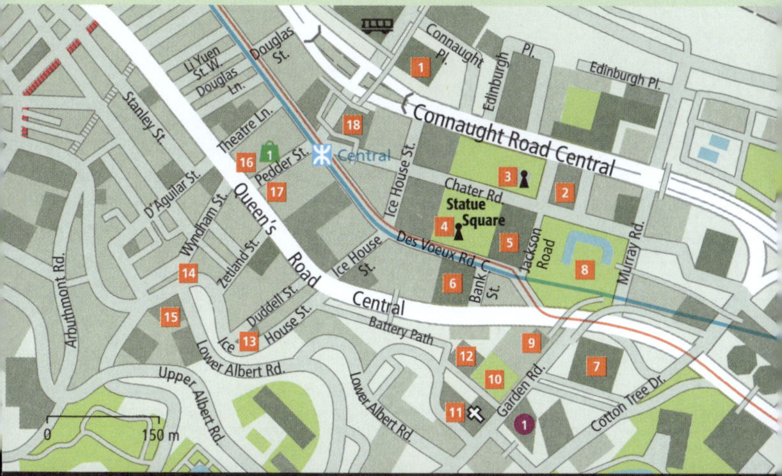

Cityplan: B–C 9–10 | **Star Ferry, MTR:** Island oder Tsuen Wan Line bis Central, Exit K

Ü
ÜBRIGENS

Wie kann Hongkong wachsen? Da bleiben nur zwei Möglichkeiten: in den Himmel streben – das zeigen nicht zuletzt die modernen Wolkenkratzer auf Hong Kong Island – oder dem Wasser Land abringen. Noch bis 1865 befand sich das Gebiet des Statue Square unter Wasser. Auf der Straßenseite gegenüber dem Pedder Building ist etwa in Augenhöhe des Betrachters eine **Plakette** 17 angebracht: Sie weist daraufhin, dass an dieser Stelle 1841 die Hafenfront verlief. Ein weiteres **Schild** 18 jenseits der Chater Road markiert die Hafenfront von 1865 nach umfangreichen Landgewinnungsmaßnahmen.

Außenhaut des Gebäudes verbirgt sich eine der aufwendigsten computergesteuerten Lichtanlagen der Stadt, mit der die Fassade in einen gigantischen Bildschirm verschiedener Farben verwandelt werden kann. Hinter dem Gebäude breitet sich übrigens der reizvolle **Cheung Kong Park** 10 aus.

Koloniale Kleinode

Wenige Schritte weiter steht die schmucke **St. John's Cathedral** 11. Die neugotische Kathedrale wurde 1848 im schlichten Early English Style errichtet und ist die älteste anglikanische Kirche im Fernen Osten. Sie dient heute als Sitz des Bischofs von Hongkong. Hinter ihr führt der Battery Path nach Westen und passiert das 1842 errichtete **Former French Mission Building** 12 (von 1997–2015 Sitz des Court of Final Appeal), ein wunderschönes Beispiel für neoklassizistische Architektur in Hongkong. Die für die Kolonialarchitektur in Asien so typischen umlaufenden Galerien, die für Kühlung sorgten, sind heute verglast.

An seinem Ende stößt der Battery Path auf die Ice House Street. Diese überqueren Sie und folgen dann der Queen's Road Central einen Block bis zur Duddell Street, in die Sie links abbiegen. An ihrem Ende wartet eine schön gestaltete **Treppe** 13 aus den 1880er-Jahren. Die vier **Gaslaternen,** die die Balustraden zieren, sind die einzigen original erhaltenen der ganzen Stadt.

Was haben Kühe mit Journalisten zu tun?

Rein gar nichts. Nur, dass der **Foreign Correspondents' Club** 14 in der Alten Meierei von 1892 zu Hause ist. Wenn Sie am oberen Ende der Treppenflucht rechts in die Ice House Street einbiegen, gelangen Sie hin. Am Berghang gegenüber steht die 1851 erbaute **Residenz des anglikanischen Bischofs** 15 von Hongkong.

Ein Name, eine Erinnerung

Die Wyndham Street hinunter geht es nun über die Queen's Road zur Pedder Street. Sehenswert ist hier das **Pedder Building** 16 von 1923, das zwischen lauter modernen Gebäuden steht. Pedder war Erster Offizier jenes Schiffes, dessen Kanonen den Vertrag von Nanjing erzwangen, mit dem der Erste Opiumkrieg endete und Hong Kong Island britisch wurde.

Die alte Chinatown – **Hollywood Road und Tai Ping Shan Street**

2

Ein bisschen traditionelles China gefällig und dazu hippes Hongkong? Rund um Hollywood Road und Tai Ping Shan Street, das alte Zentrum der Chinatown, finden sich mehrere einstmals für den sozialen Zusammenhalt der Hongkong-Chinesen besonders wichtige Tempel, Schreine, Straßen mit Antiquitätenmärkten und Kunsthandwerksläden – das angesagte SoHo.

Hinter dem Gebäude des 1938 im Stil der Stromlinien-Moderne und des Bauhaus erbauten **Central Market** 1 nimmt der 1993 eröffnete **Central Escalator** 2 seinen Anfang. 20 hintereinander gestaffelte Rolltreppen und Förderbänder führen auf einer 800 m langen Strecke hinauf in die noblen

Auch wenn der Nacken beim Hinschauen schmerzt, sollte man dorthin: Im Man Mo Temple dreht sich alles ums Glück. Die Wünsche an die Götter und die Adresse des Absenders stehen auf roten Zetteln und steigen mit dem Qualm der Weihrauchspiralen ins Jenseits auf.

Hier lang geht's zu den Bars! SoHo ist schließlich ein verwinkeltes Viertel, in dem man sich schnell verlaufen kann. Das gilt umso mehr, je fortgeschrittener der Abend ist.

Wohnviertel der Mid Levels. Die Treppe dient den Wohlhabenden, die es in der gnadenlosen Hierarchie Hongkongs ans obere Ende der Mittelschicht geschafft haben. In nur 20 Min. können sie zwischen 6 und 10 Uhr morgens ohne Zeitverlust bis zum Central Market gelangen und sich von dort mit der schnellen und effizienten U-Bahn auf ihre Büros verteilen. Von 10 bis 24 Uhr läuft die Treppe aufwärts, und so können Sie sich gemächlich in die Mid Levels hocharbeiten.

Neben der Rolltreppe hat sich mit **SoHo** 3 (South of Hollywood Rd.) eine stilvolle und atmosphärische Subkultur aus edlen Wein- und Delikatessenläden, Restaurants und gemütlichen Kneipen etabliert.

Lebendige Traditionen

Auf Höhe der **Hollywood Road** sollten Sie die Rolltreppe das erste Mal verlassen. Gleich links steht ein schönes Ensemble von **Kolonialgebäuden** 4 aus den Jahren 1864 bis 1919. In dem weitläufigen Komplex, der noch bis 2018 in ein großes **Lifestyle- und Kreativzentrum** umgebaut wird, befanden sich früher das Polizeipräsidium, die Gebäude des alten Central Magistracy und des Victoria Prison, die zusammen Recht und Gesetz in Hongkong repräsentierten. Vielleicht nicht ohne Grund, denn bis 1900 war die Hollywood Road das Zentrum der Bordelle. Heute sind der Straßenabschnitt in Höhe des Man Mo Temple und die parallel verlaufende Upper Lascar Row bekannt für ihre Antiquitäten- und Kunsthandwerksgeschäfte.

An der Staunton Street geht es ein zweites Mal runter von der Treppe, diesmal Richtung Westen. Nach rund 150 m ist die Treppenflucht der Peel Street erreicht, an deren Beginn sich ein dem **Erdgott Bak Kung** geweihter **Schrein** 5 in die Ecke zwängt. Ein weiteres Zeichen lebendiger religiöser Tradition entdecken Sie in dieser Gegend über den Eingängen vieler Geschäfte: **Spiegelchen,** die böse Einflüsse fernhalten sollen.

Zentrum für Kreative

Etwa 50 m weiter kreuzt die Staunton die Aberdeen Street. Biegen Sie hier nach rechts ab, also bergab, liegt linker Hand das **Kreativzentrum PMQ** 6. Das Kürzel PMQ steht für Former Hollywood Road Police Married Quarters. 1889 zog zunächst die Central School, die erste weiterfüh-

L
LEHRZEICHEN

Wundern Sie sich nicht, wenn Sie im Buch mal Hongkong und mal Hong Kong lesen. Zur besseren Orientierung finden Sie die Schreibweise Hongkong, wenn es um Gesamt-Hongkong geht (Hong Kong Island, Kowloon, New Territories und Outlying Islands), Hong Kong, wenn explizit von Hong Kong Island die Rede ist – oder es sich um die offizielle Schreibweise einer Sehenswürdigkeit oder Institution handelt.

rende staatliche Schule Hongkongs, in den Komplex. 1894 wurde die Schule in Queen's College umbenannt. Zwischen 1945 und 2000 diente das Bauwerk dann als Wohnheim für frisch verheiratete Polizeioffiziere. Nach langem Leerstand entschied sich die Stadtverwaltung, den Komplex unter Denkmalschutz zu stellen und 2014 wurde hier Hongkongs interessantestes Kreativzentrum eröffnet, das auch einen Shoppingbummel lohnt.

Ort der Wünsche

Vom PMQ geht es nun weiter bergab zur Hollywood Road, die rund 300 m weiter westlich am **Man Mo Temple 7**, einem der bedeutendsten Tempel der Stadt, vorbeiführt. Hier werden der Gott der Literatur (Man Cheong) und der Gott des Krieges (Mo) verehrt. Die beiden Gottheiten stehen in der Haupthalle: rechts der rot gekleidete Man mit einem Kalligrafiepinsel in der Hand und links der in ein grünes Gewand gekleidete Mo, der ein Schwert trägt. Während Man über das Heil der zivilen Angestellten wacht, hält Mo seine schützende Hand über die Hüter des Gesetzes, vor allem natürlich über die Polizei. Gewaltige Weihrauchspiralen, die von der Decke hängen, bestimmen die geheimnisvolle Atmosphäre im Innern des Tempels. Jede Spirale trägt ein Kärtchen mit dem Namen des hoffnungsvollen Spenders: Durch das Weihrauchopfer sollen die Götter angelockt und gütig gestimmt werden, damit sie die Wünsche der Opfernden erfüllen.

Der Man Mo Temple spielte eine große Rolle für die soziale Entwicklung Hongkongs. Nach seiner Gründung 1847 entwickelte er sich zum Zentrum für die chinesischen Einwanderer. Hier gab es außerdem ein Schiedsgericht für Streitfälle unter den Chinesen und er war der Ort, an dem sich die Führer der chinesischen Gemeinde berieten und die Belange ihrer Landsleute in ihrem Bezirk regelten. Später ging diese Funktion an den Verwaltungsrat des Tung Wah Hospital über, der sich aus den Mitgliedern verschiedener Tempelkomitees zusammensetzte. Er vertrat in der Folge die Belange der Bürger gegenüber der britischen Kolonialregierung.

Gleich rechts an den Man Mo Temple grenzt der **All Saints Temple 8**, in dem Kwun Yum verehrt wird, die Göttin der Barmherzigkeit.

K
KWUN YUM

Transgender mal anders: Der buddhistische, männliche Bodhisattva Avalokiteshvara hat in China seine weibliche Seite entdeckt. Oft wird er hier als Göttin der Barmherzigkeit verehrt, im Kantonesischen heißt er/sie Kwun Yum, im Hochchinesischen Guanyin und in Japan Kannon.

Ü
ÜBRIGENS

»Rule, Britannia!« Kurz vor dem westlichen Ende der Hollywood Road führt die unspektakuläre **Possession Street 14** nach Norden. Sie markiert jenen Ort, an dem Captain Edward Belcher am Morgen des 26. Januars 1841 um 8.15 Uhr die britische Flagge hisste, während Charles Elliot, oberster Handelsherr der East India Company, verkündete, dass Hongkong nun Bestandteil der britischen Krone und er selbst die Regierung Hongkongs sei.

INFOS/ÖFFNUNGSZEITEN

Kreativzentrum PMQ 6: 35 Aberdeen St., www.pmq.org.hk, tgl. 7–23 Uhr, Bus 26 ab Queensway, Pacific Place oder Bank of China Tower bis Hollywood Terrace, tgl. 7–23, Studios/Ateliers meist 13–20 Uhr, Einkaufen im PMQ: ► S. 102

Man Mo Temple 7: 124 Hollywood Rd., Sheung Wan, Bus 26 ab Queensway, Pacific Place oder Bank of China Tower bis Man Mo Temple, tgl. 8–18 Uhr

Kwun Yum Temple 10, Shui Yuet Temple 11, Kwong Fuk Ancestral Hall 12, Pak Shing Temple 13: Tai Ping Shan St., Bus 26 ab Queensway, Pacific Place oder Bank of China Tower bis Po Yan Street, tgl. 8–18 Uhr

KULINARISCHES FÜR ZWISCHENDRIN

In **SoHo** buhlen viele Lokale um Kunden. Klein und gemütlich ist das **Nepal** 1 (14 Staunton St., T 28 69 62 12, tgl. 12–14.30, 18–23 Uhr, Gerichte ab 60 HK$), in dem man leckere nepalesische Küche genießen kann. Ein gut besuchter Klassiker für den Mittagsimbiss oder Drink nach Feierabend ist **Staunton's Wine Bar & Café** 1 (► S. 105; 10–12 Staunton St., Mo–Fr 10–2, H/H 17–21, Sa/So 9–2 Uhr, Gerichte ab 78 HK$) gleich an der Rolltreppe.

Im **PMQ** 6 können Sie im **Aberdeen Street Social** (► S. 94) einkehren.

WALK HONGKONG

Wer sich intensiver mit dem chinesischen und kolonialen Erbe Hongkongs beschäftigen möchte, kann an geführten Themen-Spaziergängen (auch auf Deutsch) von **Walk Hongkong** (www.walkhongkong.com, T 91 87 86 41, Preise auf Anfrage) teilnehmen.

ALLES ECHT

Arch Angel Antiques 1 (53–55, 58 Hollywood Rd., Central, tgl. 9.30–18.30 Uhr), bestes Antikgeschäft an der Hollywood Road, zeigt eine größere Auswahl ostasiatischer Möbel bis hin zu Sammlerstücken als manches Museum.

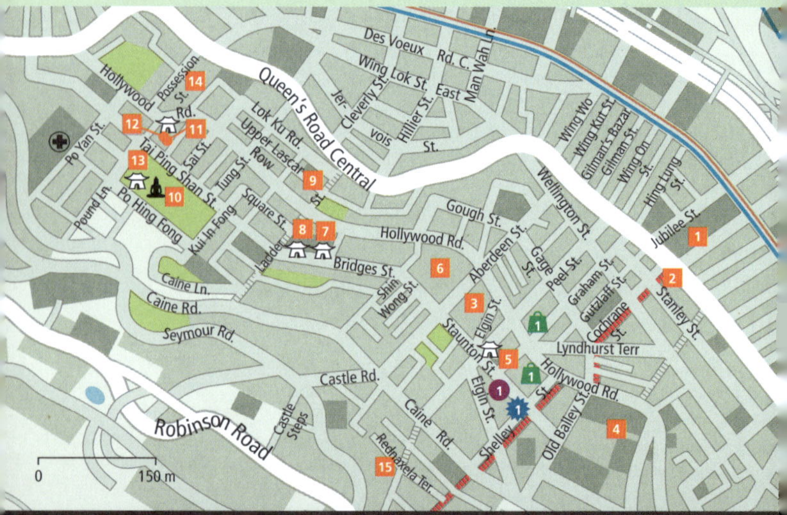

Cityplan: A–B 9–10 | Tram: bis Central Market oder MTR: Island oder Tsuen Wan Line bis Central, Exit C, dann ca. 500 m Fußweg bis zum Central Escalator

Die Katze lässt das Mausen nicht

Die **Ladder Street** schräg gegenüber vom Man Mo Temple ist so etwas wie ein – anstrengender – Vorläufer der Rolltreppe. Derartige Treppenfluchten in die Mid Levels waren üblich, bevor die Elektronik in die Stadt einzog. Sie haben aber erst einmal Glück, denn es geht zunächst treppab bis zur **Upper Lascar Row** 9, die unter dem Namen **Cat Street** allerdings viel bekannter ist. Hier breitet sich seit jeher ein Trödelmarkt aus. Die Chinesen bezeichnen Trödel als ›Mäuseware‹ und jene, die den Trödel kaufen und wieder verkaufen, als ›Katzen‹ – so kam die Gasse schließlich zu ihrem inoffiziellen Namen. An ihrem Ende geht es nach links die Treppe wieder hoch bis zur Hollywood Road. Auf der anderen Straßenseite läuft die Sai Street hinauf bis zur Tai Ping Shan Street, in die Sie nach rechts einbiegen.

Chinesische Traditionen

Eine der ersten chinesischen Siedlungen der neu gegründeten Kolonie entstand in der **Tai Ping Shan Street.** Bis heute ist dies das traditionellste Viertel der Stadt geblieben. Entlang der Straße reihen sich entsprechend zahlreiche Schreine und Tempel. Im buddhististischen **Kwun Yum Temple** 10 links vor der Treppe nach unten residiert die Göttin der Barmherzigkeit Kwun Yum. Ein paar Stufen weiter hinab liegt rechts **Shui Yuet Temple** 11. Er ist der Seefahrergöttin Tin Hau geweiht. Nebenan in der **Kwong Fuk Ancestral Hall** 12 warten die 60 *tai sui* (Geburtsjahrgangsgottheiten), die das Leben der Menschen in 60-Jahres-Zyklen regieren. Am Ende der Treppe unten links passieren Sie schließlich noch den **Pak Shing Temple** 13. Er ist einer ganzen Reihe von Göttern geweiht: Sein Name bedeutet übersetzt so viel wie ›100-Nachnamen-Tempel‹. Seit 1895 dient er als Aufbahrungsstätte für jene Toten, die in ihre Dörfer nach China überführt werden sollen. Noch wichtiger aber ist er als Ahnentempel für die Chinesen, die in Hongkong fern ihrer Heimat sterben und kein Geld für eine Rückführung haben. Deren Familien stellen hier kleine hölzerne Ahnentäfelchen für sie auf. Davon stehen heute über 3000 Stück im Tempel – die namengebende Zahl ist damit mittlerweile weit übertroffen.

Auch in Hongkong ist die Polizei ein Freund und Helfer, aber es kann nichts schaden, ihr einen Erdgott-Schrein an die Seite zu stellen: damit diese für die Nachbarschaft zuständige Gottheit der Polizei auf die Finger schaut.

C CHINGLISH

In der chinesischen Literatur finden sich viele Texte, die von links nach rechts und von oben nach unten gelesen werden. Das muss auch für Straßennamen gelten, dachte sich vor über 100 Jahren ein chinesischer Schildermacher, als er das Straßenschild für die Alexander Terrace produzierte. Heraus kam dabei die **Rednaxela Terrace** 15. Die Hongkonger fanden das witzig und beließen es bei dem umgekehrten Namen: zu sehen, wenn man mit dem Escalator bis hinter die Caine Road fährt.

3

Ein Leben im Untergrund – **Sun Yat-sen Historical Trail**

Sie möchten wissen, wo die Anfänge des modernen China liegen? Dann sind Sie noch einmal in den Mid Levels richtig. Der Gründer der Republik China, Dr. Sun Yat-sen (1866–1925), ging hier zur Schule, besuchte hier die Universität und plante hier den – allerdings noch nicht von Erfolg gekrönten – Aufstand von Kanton.

Das Tempo der Stadt reicht bis in die Mid Levels. Zum Glück bieten Restaurants und Cafés in versteckten Winkeln oder abseits der Straßen eine Atempause vom Wahnsinn.

Folgen Sie der Eastern Street steil hinauf in die Mid Levels. Vorbei an **Läden** für getrockneten Fisch, die ausgestattet sind mit kleinen Altären vor den Eingängen, erreichen Sie die High Street und stehen vor der mächtigen, granitenen Fassade des **Old Mental Hospital** 1 aus dem Jahr 1892. 50 m weiter die Straße hoch, markiert vor der Treppe lin-

ker Hand die **Tafel 2** 2 (Exemplar Nr. 1 steht weiter östlich an der University of Hong Kong an der Bonham Rd., wo Sun Yat-sen Medizin studierte) den Standort des Jungeninternats der anglikanischen Kirche, das Sun 1883 besuchte.

Rund um den Blake Garden

200 m weiter östlich stößt die High Street dann auf die Bonham Road. Folgen Sie deren Verlauf nach Osten, steht rechter Hand an einem Hang die 1926 erbaute **Hop Yat Church** 3. Vor der Kirche biegen Sie nach links in die Hospital Road ein und steigen wenige Meter weiter rechts die Treppen der Upper Station Street hinunter zur Po Hing Fong. Entlang der Gasse erstreckt sich linker Hand der **Blake Garden** 4. Auf der rechten Straßenseite erinnert die **3. Tafel** 5 an einen Rückzugsort des 1905 von Sun Yat-sen gegründeten Schwurbundes, das Tongmenghui Reception Centre. Es diente den Aufständischen 1907/08 als Versteck. Über dem östlichen Ende der Po Hing Fong thront das 1906 erbaute ehemalige Pathologische Institut und jetzige **Museum of Medical Sciences** 6 in einem schönen unter Denkmalschutz stehenden Kolonialbau. Davor zweigt links die Kui In Fong ab.

Taufe, Schule und ›Banditen‹

Von der Kui In Fong führt eine Treppe nach rechts zur Bridges Street hinauf. Nach etwa 200 m erreichen Sie **Tafel 4** 7 (2 Bridges St.), die an das American Congregational Mission Preaching House erinnert. Hier wurde Sun 1883 auf den Namen Yat-sen getauft. Ein Stück weiter geht es nach links in die beschauliche Shing Wong Street, in der eine **Tafel ohne Ziffer** darauf verweist, dass dies Suns Schulweg war. Weiter die Treppenflucht unter alten Bäumen bergab und über die Hollywood Road hinweg gelangen Sie der Biegung nach rechts folgend in die Gough Street, die mitten durch das **Szeneviertel NoHo** (North of Hollywood Road) führt. **Tafel 5** 8 (44 Gough St.) steht vor dem alten Standort der Government Central School, Vorläufer des Queen's College, das Sun eine Zeit lang besuchte. **Tafel 6** 9 an der geschäftigen Garküche mit der Hausnummer 24 erinnert an den Treffpunkt der ›Vier Banditen‹, wo Sun mit drei Freunden verschiedene revolutionäre Aktionen plante.

E
ERDGOTT

Sind Ihnen vor vielen Geschäften kleine Schreine aufgefallen? Sie sind meist dem **Erdgott Fuk Dak Jing San,** dem ›Wahren Gott des Reichtums und der Tugend‹ geweiht. Diese Gottheit ist verantwortlich für das Wohlergehen einer Region, eines Dorfes oder auch nur eines Hauses. Zwar ist der Erdgott im chinesisch-daoistischen Pantheon recht weit unten angesiedelt, dafür (und deshalb) aber kennt er das Leben und die Bedürfnisse seiner Schutzbefohlenen. Stirbt in seinem Bereich jemand, geleitet er die Seelen jener, die sich nichts haben zu Schulden kommen lassen, sicher durch die verschiedenen Ebenen der Unterwelt.

Cityplan: Karte 2 | **Tram:** Richtung Kennedy Town oder Whitty Street bis Eastern Street, **MTR:** Island Line bis Sai Ying Pun, Exit C

INFOS/ÖFFNUNGSZEITEN

Museum of Medical Sciences 6: 2 Caine Lane, Mid Levels, T 25 49 51 23, www.hkmms.org.hk, Busse 12, 12M, 40M ab Queen's Rd. Central (Bank of China) oder 40, 40M ab Pacific Place bis Ladder Street, Di–Sa 10–17, So, Fei 13–17 Uhr, 20 HK$, Studenten und Kinder 10 HK$.

KULINARISCHES FÜR ZWISCHENDRIN

Lässig cool ist das **Oolaa** 1 (Bridges St., Centre Stage, T 28 03 20 83, www.casteloconcepts.com, tgl. 7 Uhr bis spät, Gerichte ab 125 HK$), das Café, Restaurant, Lounge und Bar in einem ist. Auf italienische und französische vegetarische Gerichte spezialisiert ist das **Gingko House** 2 (44 Gough St., T 25 45 12 00, Mo–Sa 12–15, 18–22, So 18–21 Uhr, Gerichte ab 118 HK$). Serviert werden sie von Rentnern, die sich noch nicht aufs Altenteil zurückziehen wollen.

MODERNER KRAMLADEN

Die Hongkonger lieben ihren Prüll: Ob Kerzen, Lampen, Uhren, Designprodukte oder was man sonst noch so für die Wohnung oder sich selbst einfach glaubt zu benötigen. **Homeless** 2 (G/F, 28 Gough St., www.homeless.hk, Mo–Sa 11.30–21.30, Sa 12–18 Uhr) führt eine große Auswahl an interessanten Lifestyle-Produkten.

Verschwörerische Winkel

Folgen Sie einfach der Straße, die von einigen gemütlichen Restaurants gesäumt wird, und biegen an deren Ende rechts in die Aberdeen Street ein. Nach wenigen Metern führt links eine Treppe zur **Tafel 7** 10. Sie erinnert an Yang Quyun (1861–1901), einen Mitstreiter Suns und Hongkonger Führer der Xingzhonghui (► S. 33), der hier 1901 ermordet wurde. Die Treppe führt zum kleinen Pak Tze Lane Park mit der **Tafel 8** 11 (1 Pak Tze Lane). Dieser Ort diente der von Yang Quyun 1892 gegründeten Furen Literary Society, einer Vereinigung zur Aufklärung der Bevölkerung, und den ihr verbundenen Revolutionären als verschwörerischer Treffpunkt.

Vom Arzt zum Revolutionär

An der Nordostecke der Kreuzung von Aberdeen Street und Hollywood Road erinnert **Tafel 9** 12 an das Queen's College und auf der anderen Straßenseite weiter rechts **Tafel 10** 13 an das Alice Memorial Hospital, in dem Sun Yat-sen 1892 seine Arztausbildung abschloss. **Station 11** 14 übersieht man schnell. Die Tafel steht einige Meter rechts von Tafel 10 und verweist auf die To Tsai Church, den Vorläufer der Hop Yat Church 3 (▶ S. 31), die Sun während seines Medizinstudiums regelmäßig besuchte. Nun laufen Sie auf der Hollywood Road nach Osten, steigen die Treppen der Peel Street hoch und biegen am Bak-Kung-Schrein (▶ S. 26) nach links in die Staunton Street ab. Kurz vor dem Central Escalator erinnert **Tafel 12** 15 an das alte Hauptquartier der Xingzhonghui (Gesellschaft zur Wiederbelebung Chinas), der ersten von Sun 1894 gegründeten revolutionären Vereinigung.

Nun geht es die Shelley Street links hinunter bis zur Hollywood Road und über die Cochrane Street zur Lyndhurst Terrace. An ihrem Ende erinnert auf der rechten Straßenseite **Tafel 13** 16 an einen weiteren Treffpunkt und Rückzugsort der Revolutionäre: das Heng Yian Lou Restaurant.

Propaganda und Aufstand

An Tafel 13 biegen Sie nach links in die belebte Pottinger Street ein, benannt nach dem ersten Gouverneur Hongkongs. Ihre unregelmäßig verlegten Steinquader sollten den Fußgängern auf der steilen Straße Halt geben und ein problemloses Abfließen des Regenwassers ermöglichen. Unten halten Sie sich rechts und folgen der Stanley Street.

Vor der Hausnummer 19 erinnert **Tafel 14** 17 an die China Daily, die als Propagandablatt gegen die Qing-Regierung und deren Gebäude als Versammlungsort für die Xingzhonghui diente.

Der Weg endet vor der Wellington Street 24, wo **Tafel 15** 18, die letzte Tafel, an den Ort erinnert, an dem Sun den Kantoner Aufstand von 1903 plante.

Ü
ÜBRIGENS

Sie möchten noch mehr über den Revolutionär Sun erfahren? Dann besuchen Sie doch das **Dr Sun Yat-sen Museum** 19 (7 Castle Rd., Central, T 23 67 63 73, http://hk.drsunyatsen.museum, Mo–Mi, Fr 10–18, Sa/So, Fei 10–19 Uhr). Das wunderschöne Kolonialgebäude birgt zwei Dauerausstellungen zum Leben und Wirken Sun Yat-sens und sonntags (15–16 Uhr) findet eine englischsprachige Führung statt.

4

Britische Sommerfrische – **The Peak (Victoria Peak)**

Wandern, wo das Geld zu Hause ist – hier oben bieten Fußwege eine erholsame Pause von den tosenden Straßenschluchten. Zur Kolonialzeit waren es die Briten (und andere Ausländer), die vom Victoria Peak nicht nur topografisch gesehen auf ihre Mitbürger hinabschauten, sondern auch sozial. Heute reicht eine einzige Qualifikation, um hier zu wohnen – Geld.

Es muss ja nicht immer der Blick auf die Skyline sein. Die grüne Umgebung auf dem Peak bietet die Möglichkeit zu einer meditativen Auszeit vom Trubel der Stadt.

»... genuines Wimbledon und so britisch wie Roastbeef oder Muffins«, so beschrieb der britische Autor H. J. Lethbridge, die britische Sommerfrische auf dem Peak. Ein erster Pfad hinauf, 1859 angelegt, hatte das Areal schnell zum beliebten Ausländer-Aufenthaltsort während der

sommerlichen Hitze werden lassen. 1888 ging dann die abenteuerlich steile, 1400 m lange Drahtseilbahn in Betrieb, die erste Fahrstraße auf den Peak wurde 1924 die gebaut. Chinesen aber durften sich hier erst nach dem Zweiten Weltkrieg niederlassen …

Kolonial und doch modern

Zwar wurde die koloniale Errungenschaft in der Zwischenzeit längst modernisiert und ihre Steuerung Computern anvertraut, doch das tut dem Erlebnis einer Fahrt mit der **Peak Tram** 1 hinauf keinen Abbruch. Zunächst wähnt man sich in einem umgekippten gläsernen Fahrstuhl, während die Hochhäuser der Mid Levels vorbeiziehen. Auf halber Strecke bleiben dann die obersten Etagen der Wohntürme zurück und schließlich erreicht die Tram den 1997 erbauten Terminal im Peak Tower.

Symbolik pur: der Peak Tower

Für die Hongkonger Stadtverwaltung muss in einer derart facettenreichen Stadt Platz für Ordnung und Unordnung, Dauerhaftigkeit und Veränderung in der Bausubstanz, Innovation und Tradition, für visuelle Stimulation und architektonische Idiosynkrasie sein. Der **Peak Tower** 2 bemüht sich, all das zu vereinen. Gegliedert ist die Station in drei Teile: einen viereckigen Sockel, ein offenes Podium und das als Schale gestaltete Dach. Damit wird eine Brücke zur chinesischen Architektur geschlagen, denn deren bedeutende Bauwerke weisen ebenfalls die Dreiteilung aus Sockel, offener, säulendurchsetzter Halle und geschwungenem Dach auf. Damit nicht genug: Nach alter chinesischer Vorstellung ist die Erde eckig und der Himmel rund, was sich ebenfalls in der Tower-Form widerspiegelt. Zusätzlich symbolisiert das Dach die aufsteigende Friedenstaube.

Und zu guter Letzt: Von der Uferpromenade in Kowloon aus offenbart sich ein interessanter geomantischer Effekt: Der Peak Tower schließt nahezu perfekt eine Lücke in der Berglandschaft, die Victoria Gap. Ein tiefer Einschnitt in der ansonsten gleichmäßig ansteigenden Linie des Bergrückens. Der Turm behebt diese ›Imperfektion‹ der Natur.

Doch Sie sind ja jetzt oben auf dem Peak. Und hier lohnt der Besuch der **Sky Terrace** 3 neben

K
KURVEN

Sie können sich auch auf den Peak ›hinaufschrauben‹. Dafür müssen Sie in Bus 15 einsteigen, am besten an dessen Endstation am Central Pier 5, um die schönsten Plätze vorne zu ergattern. Auf den steil nach oben führenden Serpentinen bieten sich ständig wechselnde Ausblicke über die Skyline von Hong Kong Island.

Die Hongkonger lieben ihren Peak, die Besucher ebenfalls und die Tourismusmaschinerie freut's.

dem Tower, die einen tollen Blick über die Stadt bietet.

Nur ein Garten ist geblieben

Neben dem Peak Café führt die Mt. Austin Road in einem steilen Anstieg hinauf zum **Victoria Peak Garden** 4. Auf dem Weg passieren Sie linker Hand das **alte Wachhäuschen** 5 aus dem Jahr 1900, das Teil des Zugangs zur früheren Sommerresidenz des Gouverneurs war. Ein Stück weiter erinnert nur noch ein 1978 entdeckter Markierungsstein an den Standort der bis 1920 genutzten alten Residenz. Heute bildet ihr Areal den hübschen **Peak Garden** 6.

Allein sein in Hongkong? Das geht – beim Spaziergang auf der Old Peak Road runter in die Stadt. Ganz Sportliche laufen den Weg andersherum.

Wanderung um The Peak

Ein echtes Erlebnis ist der etwa einstündige Spaziergang rund um den 554 m hohen Gipfel. Hierfür müssen Sie sich, aus der Peak Tram Station kommend, ein Stück rechts halten. Ein unauffälliges hölzernes Hinweisschild mit der Aufschrift **Hong Kong Trail** 1 weist den Weg, der hier zwar Lugard *Road* heißt, aber ein reiner Fußweg ist. Achten Sie darauf, nicht versehentlich in die ebenfalls an der Station beginnende Mt. Austin Road hineinzulaufen. Einmal auf der Lugard Road, eröffnen sich ständig wechselnde spektakuläre Aussichten über die Stadt, deren diffuser Lärm sogar bis in diese friedliche Idylle brandet. Durch dichte tropische Vegetation führt der ebene Weg zu immer neuen Aussichtspunkten über die Skyline. Erst dort, wo die Lugard Road lang-

UM DIE ECKE

Ein wunderbares Erlebnis ist der Spaziergang über die 1924 erbaute **Old Peak Road** 7 nach Central. Stehen Sie vor dem Peak Tower mit dem Blick Richtung Stadt, führen auf der linken Seite Treppen hinunter zur Old Peak Road. Sie schlängelt sich als schöner, von alten Bäumen beschatteter Wanderweg in Serpentinen bergab bis zu den schicken Apartmentanlagen der Mid Levels. Die Straße endet gegenüber der Albany Road, die **Zoo** 8 und **Botanischen Garten** 9 (beide 1864 erbaut) zerschneidet. Die Parkanlagen sind tgl. 5–22, Zoo und Vogelhäuser tgl. 6–19 und die Gewächshäuser tgl. 9–16.30 Uhr geöffnet, der Eintritt ist frei.

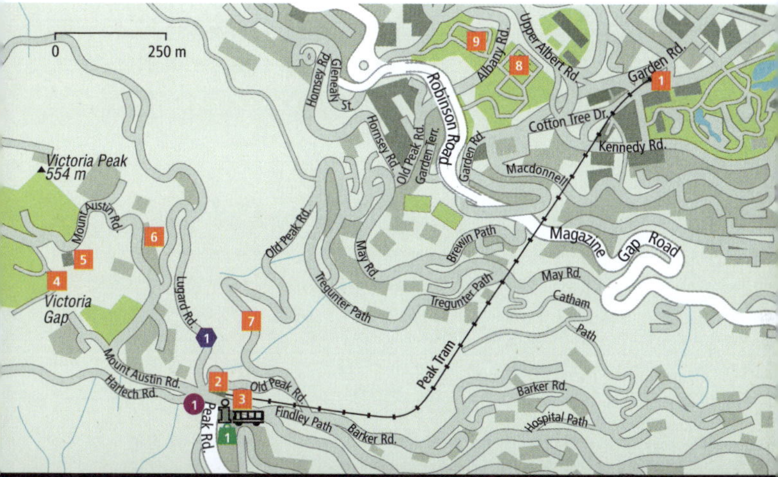

Cityplan: A–C 10–11 | **Tram:** Peak Tram ab Garden Road oder **Bus:** 15 ab Central Pier 5

INFOS/ÖFFNUNGSZEITEN

Peak Tram 1: Garden Rd., www.thepeak.com.hk, tgl. 7–24 Uhr, alle 10–15 Min., einfache Fahrt 32 HK$, Kinder 12 HK$, Hin- und Rückfahrt 45/20 HK$
Peak Tower 2: www.thepeak.com.hk, Mo–Fr 10–23, Fr–So, Fei 8–23 Uhr
Sky Terrace 3: www.thepeak.com.hk, Mo–Fr 10–23, Fr–So, Fei 8–23 Uhr. inkl. Peak-Tram-Fahrt hin und zurück 88 HK$, Kinder 42 HK$, einfache Fahrt 75/34 HK$, ohne Fahrt 48/24 HK$
Hong Kong Trail 1: Lugard und Harlech Rd., tgl. 24 Std., Eintritt frei

KULINARISCHES FÜR ZWISCHENDRIN

Gegenüber dem Peak Tower steht der **Peak Lookout** 1 (121 Peak Rd., T 28 49 10 00, www.peaklookout.com.hk, Mo–Fr 10.30–23.30, Sa/So 8.30–1 Uhr, Gerichte ab 148 HK$, Frühstückssets ab 128 HK$), ein 1901 erbautes Gebäude, das zum Abstellen der privaten und öffentlichen Sänften diente. Offen, hell und luftig mit einer großen Außenterrasse und einem historischen Gastraum vermittelt es ein wenig das Flair einer Berghütte.

GIPFELSHOPPING

Wer nur wenig Zeit in Hongkong hat, kann den Besuch des Peak mit einem ausgiebigen Einkaufsbummel in der weitläufigen **Peak Galleria** 1 (118 Peak Rd., www.thepeakgalleria.com, tgl. 10–22 Uhr) verbinden. Hier gibt es zahlreiche große Modegeschäfte, Supermärkte, Bäckereien, Restaurants und vieles mehr.

sam in die Harlech Road übergeht, versperren andere Berggipfel die Sicht. Man kann entlang der Strecke hervorragend rasten, allerdings sind die Picknickplätze an den Wochenenden ziemlich überlaufen. Die Harlech Road endet schließlich gegenüber dem Peak Tower.

5

Hongkong nostalgisch – **mit der Tram nach Causeway Bay**

Mit der Tram zuckeln Sie durch die Straßenschluchten, passieren alte Hafenviertel und den Western Market, britische Kolonialarchitektur, das Herz des Finanzdistrikts sowie alte und neue Handelszentren. Die alten Trams rumpeln seit 1904 durch das erste Kerngebiet Hongkongs von Kennedy Town bis Shau Kei Wan.

Vor 100 Jahren lag Sheung Wan mit dem **Western Market** 1 im Zentrum an vorderster Front. Es war ein lebhaftes Hafenviertel und der Hauptumschlagplatz für getrocknete Fischprodukte und Heilkräuter. Heute haben zwar Landgewinnungsprojekte Markt und Tram, die anfangs noch entlang der Hafenfront entlangrumpelte, in die zweite Reihe gedrängt, doch etwas ist geblieben.

Schöner als mit einem Lächeln kann eine Tramfahrt kaum beginnen. Gute Laune und etwas Langsamkeit gehören eben doch irgendwie zusammen.

Immer der Nase nach

Intensiver Fischgeruch an der Des Voeux Road West verrät es: Rund um den Western Market befindet sich noch immer das Zentrum für den Handel mit getrockneten Fischprodukten. Dicht an dicht reihen sich die **Läden** 2 für getrocknete Meerestiere aneinander. Spannend ist auch der Bummel durch den Bonham Strand West, das Zentrum für Ginseng- und **Heilkräutergeschäfte** 3 und etwas angenehmere Geruchserlebnisse. Das hübsche Backsteingebäude des Western Market selbst diente von 1906 bis 1988 als Markt. Unter Denkmalschutz gestellt, ist es heute ein Shopping- und Eventcenter.

Entschleunigung? Beschleunigung!

Am Western Market beginnt unsere Fahrt mit der Tram. Steigen Sie nur nicht in die Bahn mit der Aufschrift »Happy Valley«, denn die fährt nicht bis Causeway Bay. Während der Fahrt über die Des Voeux Road Central fallen oberhalb der Straße die **Elevated Walkways** 1 ins Auge. Wenn Sie nun denken, wunderbar, damit wird der Hektik der Stadt entgegengewirkt – Fehlanzeige. Entschleunigung ist in Hongkong weitgehend ein Fremdwort. Das kilometerlange Netz hochgelegter Bürgersteige soll im Gegenteil das öffentliche Leben beschleunigen. Da auf den Straßen des Central District ständig Stau, aber auch schlichtweg kein Platz mehr für Fußgänger ist, müssen diese über den Autoverkehr geleitet werden: um zügig an ihr Ziel zu gelangen. Und auch die eher gemächliche Tramfahrt dient der Beschleunigung, bringt sie dank der dichten Haltestellenfolge ihre Passagiere doch stets nah ans Ziel.

Via **Central Market** 2 (▶ S. 25), vorbei an der **HSBC** 3 (▶ S. 21), am **Court of Final Appeal** 4 (▶ S. 21) und der **Bank of China** 5 (▶ S. 22) rumpelt die Tram bis zum Queensway mit seinen hässlichen **Verwaltungsgebäuden der Regierung** 6 und dem edlen **Pacific Place** 7 (▶ S. 103). Letzterer ist eines der größten zusammenhängenden Büro- und Hotelzentren in Hongkong, wo sich zusätzlich weitläufige Einkaufspassagen auf mehreren Ebenen verteilen. Hinter dem **Harcourt Garden** 8 erreicht die Tram den Stadtteil Wan Chai.

Sündenpfuhl Wan Chai

Heute eines der großen Geschäftszentren, stand dieser Bezirk lange Zeit synonym für Hongkongs

D
DING DING

Die Hongkonger nennen ihre Tram Ding Ding, da ihre Glocke früher schrill läutete, um Fußgänger zu warnen. Auch die Fahrkartenentwerter gaben in der Vergangenheit einen hellen, scharfen Ton von sich, wenn die Tickets entwertet wurden. In den modernen Trams wurde die Glocke durch einen elektrischen Ton ersetzt und Tickets gibt es auch nicht mehr, aber der Name ist geblieben.

Welt der Vergnügungen. Schon immer galt Hongkong als laszive, lebenslustige Stadt, als Sündenpfuhl sexueller Ausschweifung, in dem hochrangige Honoratioren nachts mit ihren chinesischen Mätressen gesichtet wurden und immer noch werden.

Ein ungeliebter Gouverneur

Die Tram fährt nun in die von gesichtslosen Wohnblocks gesäumte Hennessy Road ein. Fürchterlicher Verkehrslärm tobt in dieser Straßenschlucht – vielleicht ein später Akt der Rache am mit Abstand unbeliebtesten aller Hongkong-Gouverneure, Sir John Pope Hennessy. Warum ihn die Kolonisten nicht mochten? Vor allem, weil er den Einheimischen dieselben Menschenrechte zuerkannte wie den Briten und entsprechend mit ihnen verkehrte – frevelhafter ging es kaum im Zeitalter Queen Victorias.

Wenn das Geld nicht reichte ...

Als wolle man diesen Mann beim Bau der Tram durch Nichtbeachtung bestrafen, biegt diese nun in die Johnston Road ein. Alexander Johnston war in der Frühzeit der Kolonie von 1841 bis 1852 ein hoher Kolonialbeamter, der viele Infrastrukturprojekte anstieß, die dazu beitrugen, dass die Kolonie sich entwickelte.

In der 62 Johnston Road steht noch eines der wenigen alten erhaltenen chinesischen Gebäude –

Doppelte Nostalgie macht doppelt glücklich, vor allem wenn Sie die Tramfahrt für einen leckeren Cocktail im The Pawn unterbrechen.

UM DIE ECKE

Es juckt Sie, die quirlige Umgebung Wan Chais zu erkunden? Dann steigen Sie an der Station Tonnochy Rd. aus, laufen 100 m zurück in die Johnston Rd. und biegen nach links in die Mallory St. ein. An einem wunderschön restaurierten alten chinesischen **Geschäftshaus** 9, einem *tong lau* (Mallory St. 7), beginnt der **Wanchai Heritage Trail.** Er führt via Wan Chai Road und Burrows Street zur Queen's Road East, weiter in die Stone Nullah Street mit dem **Blue House** 10, einem Residenzhaus aus den 1920er-Jahren, und zu einem großen **Pak-Tai-Tempel** 11. Zurück auf der Queen's Road passieren Sie den **alten Markt** 12 (1937), die hübsche **ehemalige Post** 13 (1913) und in der Ship Street 18 ein herrliches **Art-déco-Bauwerk** 14 (1937). Über den kleinen **Markt** 5 in der Gresson Street geht es dann zur Tramstation Fenwick St. zurück.

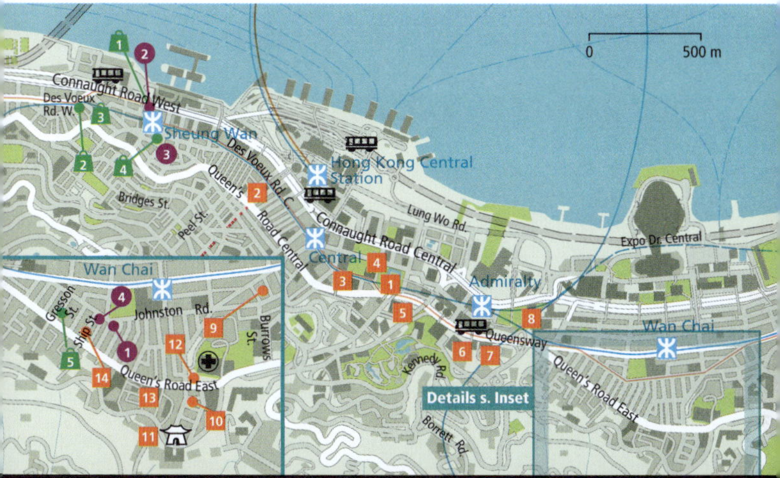

Cityplan: A 9, C–G 10 | **MTR:** Island oder Tsuen Wan Line bis Sheung Wan, Exit B

INFOS/ÖFFNUNGSZEITEN

Western Market 1: 323 Des Voeux Rd., Central, Sheung Wan, tgl. 10–24 Uhr

KULINARISCHES FÜR ZWISCHENDRIN

Kleines Frühstück vor der Fahrt gefällig? Im **Café Das Gute** 2 (G/F, Western Market, T 28 51 28 72, Mo–Sa 8–21, So, Fei 11–21 Uhr), kann man sich bei leckerem Kaffee und einer großen Auswahl an Backwaren stärken. Wer mittags startet kann sich vorab in **Tim's Kitchen** 3 (Shop A, G/F & 1/F, 84–90 Bonham Strand, T 25 43 59 19, Mo–Sa 11.30–15, 18–23 Uhr, Gerichte ab 118 HK$, *dim sum* ab 39 HK$) an leckerer kantonesischer Küche und an einer großen *dim-sum*-Auswahl (nur mittags) erfreuen. Unterwegs lohnt sich eine Fahrtunterbrechung für das **QMO** 4 (Quriosity Meets Obsession, G/F, 4 Ship St., T 28 36 06 99, tgl. 12–15, 18–23 Uhr, Gerichte ab 158 HK$) mit feiner mediterraner Küche und großer Weinauswahl in malerischer Umgebung.

GRANDES SAVEURS DES FRANCE ...

... verheißt der Feinkostladen von **Monsieur Chatté** 4 (121 Bonham Strand, www.monsieurchatte.com, Mo–Sa 11–21, So 11–19 Uhr) und er enttäuscht die Genießer nicht. In dem wunderschön dekorierten Laden bekommen Sie alles, was das Herz eines französischen Gourmets höher schlagen lässt.

heute das Restaurant **The Pawn** (► S. 93) 1. Früher befand sich in dem 1888 errichteten Bauwerk ein Pfandhaus. Im alten China hatten Pfandhäuser die Funktion von Banken. Das Logo des Restaurants enthält übrigens das Symbol der Leihhäuser (eine Fledermaus, die eine Münze hält). Nun geht es wieder auf die Hennessy Road und nach Causeway Bay, wo man die Tram an der Station Yee Wo Street/Paterson Street verlässt.

Den Taipanen auf der Spur – **Entdeckungen in Causeway Bay**

\# 6

Haben Sie James Clavells »Tai Pan« oder »Noble House« gelesen? Hier können Sie den Spuren der Taipane in der wirklichen Welt folgen. Causeway Bay war im kolonialen Hongkong der Sitz eines der mächtigsten und einflussreichsten Handelshäuser im Fernen Osten: Jardine, Matheson & Co. Bis heute ist der Stadtteil eines der großen kommerziellen Zentren: mit vollgestopfte Basaren, coolen Shoppingmalls und der alten Noon Day Gun.

Ach, kann Einkaufen schön sein! Die neun Etagen voller Versuchungen im Times Square können die Nerven von Einkaufsmuffeln allerdings ganz schön strapazieren.

Von den frühen Kolonisten noch als East Point bezeichnet, gehört Causeway Bay (kantones. *Tung Lo Wan* = Kupfergong-Bucht) heute zu den beliebtesten und belebtesten Einkaufsvierteln der Stadt.

In der Welt der Taipane

In East Point hatten William Jardine und James Matheson ihre *godowns,* wie man die Warenlager hier nannte, errichtet und Ersterer seine prachtvolle koloniale Residenz bauen lassen. Auf diese beiden Männer geht letztlich die Gründung Hongkongs zurück. Nachdem China den Opiumhandel, auf dem der Reichtum der beiden beruhte, verboten hatte, drängten sie England zum sogenannten Ersten Opiumkrieg, mit dem Ergebnis, dass Hongkong, respektive Hong Kong Island, an Großbritannien abgetreten werden musste.

Glück und Frieden

Einiges erinnert noch heute an das 1832 in Kanton gegründete Handelshaus, so etwa die **Yee Wo Street** 1, die übersetzt ›Straße des Glücks und des Friedens‹ heißt. Tatsächlich war ›Glück und Frieden‹ (*yee wo*) der chinesische Name Jardines, den er vor allem bei seinen Aufenthalten in Shanghai benutzte. An der immer belebten Yee Wo Street wimmelt es von Juwelieren, Handy-Shops, Bäckereien und natürlich von den unvermeidlichen Restaurants.

The Bazaar is open

An Jardine, Matheson & Co. erinnern auch die beiden mit Läden vollgestopften Straßenzüge **Jardine's Crescent** 2 und **Jardine's Bazaar** 3. Während sich entlang der Jardine's Bazaar unzählige Nudelshops und kleinere Geschäfte aneinanderreihen, ist Jardine's Crescent eine Marktstraße voller Verkaufsstände, an denen Kleidung, Kräutermedizin, Blumen usw. verkauft werden. Außerdem gibt es dort noch einen Obst- und Gemüsemarkt. Eingerahmt werden die beiden Straßen auf allen Seiten von einigen der luxuriösesten Shoppingmalls der Stadt.

Ego-Kanone zur Mittagszeit

Von der Yee Wo Street führt die schmale East Point Road auf das **WTC-Building** 4 (World Trade Centre) zu. Gehen Sie durch die kleine Tür linker Hand des WTC runter ins Wilson-Parkhaus auf die Ebene B1, dann links durch das gesamte Parkhaus und weiter durch einen schmalen Gang zum Hafen. Dort steht ein weiteres Relikt aus dem alten kolonialen Hongkong, die **Noon Day**

Briten, Pferde, Wetten – irgendwie gehört das zusammen. Und Chinesen sind für ihre Vorliebe fürs Glücksspiel bekannt. Kein Wunder also, dass an Pferderenntagen, etwa auf dem **Happy Valley Sports Ground** 1 (F–G 11, Sports Road, www.hkjc.org.hk, Tram-Station: Hong Kong Football Club), die Hölle los ist. Hier, gleich südlich von Causeway Bay, wurde 1884 der elitäre **Royal Hong Kong Jockey Club** (seit 1995 Hong Kong Jockey Club) gegründet, in dem zu Kolonialzeiten nur die reichsten Engländer einen Sitz im Vorstand erhalten konnten. Heutzutage fließen aus den Wetteinnahmen der Pferderennen jährlich fast 15 % in den Hongkonger Finanzhaushalt und ein Großteil davon geht an soziale Einrichtungen.

Gun 5. Sie wird täglich um 12 Uhr mittags einmal abgefeuert. Es heißt, dass früher, immer dann, wenn ein Taipan von Jardine, Matheson & Co. Hongkong verließ oder in Hongkong einlief, von der firmeneigenen Truppe Salutschüsse abgefeuert wurden. Die Marine, erzürnt über diese Anmaßung (Salutschüsse waren ihr Metier), setzte 1901 durch, dass Jardine von nun an täglich um 12 Uhr einen Schuss als Zeitsignal für Hongkong abfeuern müsse.

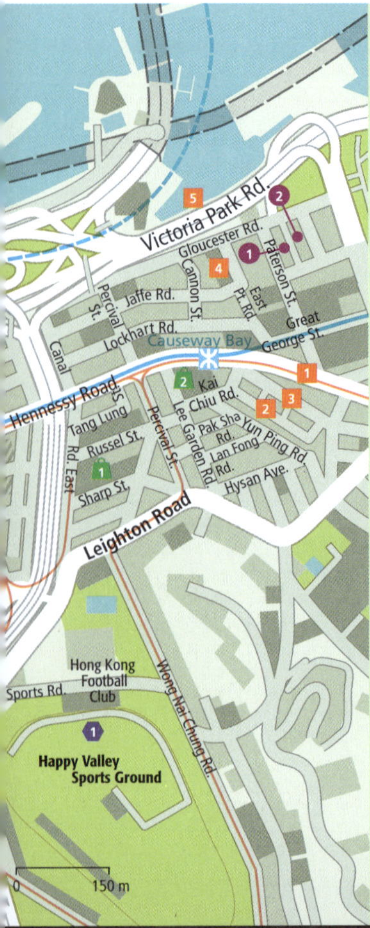

KULINARISCHES FÜR ZWISCHENDRIN

Die unglaubliche Restaurantdichte in Causeway Bay erschlägt fast jeden Besucher. Allein auf den Etagen 10–12 des **Times Square** 1 gibt es Dutzende schicker Restaurants.

Mitten im Trubel und doch fern der Hektik können Sie in der **Food Street,** einer kleinen Restaurantmeile parallel zur Cleveland Street, herrlich relaxen. Hier lädt das **Marbling** 1 (5–7 Cleveland St., T 28 02 11 28, www.marbling.com.hk, tgl. 12–23 Uhr, Gerichte ab 158 HK$) zu köstlichen Grillgerichten oder der **COEDO Taproom** 2 (G/F, 50–56 Paterson St., T 26 19 90 11, www.coedobrewery.com/en/taproomhk, Tapas ab 40 HK$) zu japanischen Tapas und zwölf verschiedenen Craft-Bieren ein.

SHOPPING PUR

Besonders eindrucksvoll ist ein Einkaufsbummel im **Times Square** 1 (1 Matheson Rd., Causeway Bay, www.timessquare.com.hk, MTR: Island Line bis Causeway Bay, Exit A, tgl. 10–22 Uhr), einem gewaltigen Konglomerat aus Shoppingmalls und Restaurants auf zwölf Etagen und in zwei Untergeschossen. Ähnlich mondän und architektonisch ausgefallen gibt sich **Hysan Place** 2 (500 Hennesy Rd., https://hp.leegardens.com.hk, MTR: Island Line bis Causeway Bay, Exit F1, tgl. 10–22 Uhr).

Cityplan: G 9, F–G 10 | **MTR:** Island Line bis Causeway Bay, Exit F, zur Noon Day Gun Exit D1

7

Heimat der Boat People – **Aberdeen**

Aberdeen – fast unweigerlich tauchen Dschunken vor dem geistigen Auge auf. Hier müssten sie zuhauf zu Wasser liegen. Zwar hat sich das Bild gewandelt, doch ganz verschwunden sind sie nicht. Ein Bummel durch Aberdeen und vor allem eine Sampan-Fahrt lassen die Welt der Boat People lebendig werden.

Noch bis weit in die 1980er-Jahre war Aberdeen für seinen riesigen Dschunkenhafen bekannt. Tausende von Dschunken ankerten hier, ständige Wohnsitze von mehr als 20 000 *boat people*, Tanka wie Hoklo, die nach und nach in die gesichtslosen Wohnburgen rund um den Hafen umgesiedelt wurden. Heute leben noch rund 5000 Familien ausschließlich in ihren Booten auf dem Wasser.

Zum Hafen an der Aberdeen Promenade

Gleich am Ausgang der MTR steht linker Hand den **Tai-Wong-Ye-Tempel** 1. Wong Ye soll diejeni-

Wer schwankt denn hier, das Boot oder der Gast? Doch keine Sorge, auch nach einem ausgiebigen Zechgelage bringen Sie kleine Boote sicher an Land.

Ü
ÜBRIGENS

Der Name des nach Lord Aberdeen benannten Stadtteils überdeckt, dass dies der Ort ist, der Hong Kong Island seinen Namen gegeben hat – **Heung Gong Tsai.** Für die Chinesen heißt er immer noch so: ›Kleiner Hafen des Wohlgeruchs‹, ein seit dem 13. Jh. bekanntes Fischerdorf, das für die Herstellung und den Handel von Weihrauchwaren bekannt war.

gen, die ihn anrufen, vor Unheil und Krankheiten schützen. Laufen Sie am Tempel vorbei einfach geradeaus weiter und dann links den gepflasterten Weg am Kanal entlang. Er führt Sie binnen 10 Min. zur **Aberdeen Promenade** 2. Links liegt in einiger Entfernung das gigantische **Jumbo Floating Restaurant** 1, die Promenade aber führt immer am **Hafen** entlang nach Westen. Bildtafeln erzählen hier die Geschichte Aberdeens und der Erschließung Hong Kongs. An mehreren **Anlegern** 1 können Sie einen Sampan besteigen und zwischen den noch bewohnten **Sampans der Boat People** eine gemütliche Hafenrundfahrt unternehmen.

Ein entspannter Bummel

Auf Höhe des Fußgängertunnels unter der Aberdeen Praya Road unterbricht ein **Pavillon** 3 mit Ausstellungen zur Entwicklung Aberdeens die Promenade. Draußen erinnert die **Skulptur eines Drachenboots** 4 an die Region als früheres Zentrum des Boots- und Dschunkenbaus. Vorbei an Fischerskulpturen erreichen Sie dann den Abschnitt der Promenade, an dem sich auf dicht an dicht vertäuten Booten **Fischrestaurants** 2 reihen – bis die Promenade an einem großen **Fischmarkt** 1 endet.

Schützende und andere Götter

Zurück am Tunnel geht es nun unter der Aberdeen Praya Road hindurch. Auf der anderen Straßenseite zieht sich neben der Old Main Street der kleine **Hung-Hsing-Schrein** 5 den Hang hinauf. Statten Sie doch Hung Hsing einen Besuch ab. Die lokale Gottheit soll das Wetter vorhersagen und die See-

»Meine Fische stinken nicht!« Verleihnix wäre in Hongkong ein glücklicher Mann, sind frischer Fisch und Meeresfrüchte doch aus dem täglichen Speiseplan nicht wegzudenken.

UM DIE ECKE

Der spektakulär gelegene **Ocean Park** 7 (Ocean Park Rd., Aberdeen, www.oceanpark.com.hk, MTR: South Island Line bis Ocean Park, tgl. 10–18 Uhr, 438 HK$, Kinder 219 HK$) im Osten Aberdeens ist eines der wichtigsten Meeresaquarien in Südostasien und zugleich ein großer Themenpark mit vielen Attraktionen. Immer wieder unterbrochen von Hightech-Fahrgeschäften, kann man polare Landschaften im Polar Adventure, Urwälder im Rainforest, Pandas im Panda Village u.v.m. entdecken. An Wochenenden kann es sehr voll werden.

leute vor Taifunen schützen können. Im Schatten eines mächtigen, uralten Banyan-Baumes kann man hier übrigens herrlich rasten. Dann aber sollte Sie Ihr Weg ein Stück die Aberdeen Main Road hinauf zum schmucken **Tin-Hau-Tempel** 6 führen. Links neben Tin Hau, der Schutzpatronin der Seefahrer, steht eine Skulptur des Reichtumsgotts Choi San, der im daoistischen Pantheon sozusagen als göttlicher Bankautomat fungiert.

Südlich vom Tempel erstreckt sich die Sai On Street, deren **Straßenmarkt** 2 den Beginn des kleinen Ortszentrums markiert. Am westlichen Ende überragt ein großer Bergfriedhof das Geschäftsviertel. Von hier gehen Sie am besten wieder zurück zur Promenade und genießen noch einmal den Blick auf die Sampans.

► INFOS

Wer von Aberdeen mit der Direkt-Tour Stanley (► S. 48) kombinieren möchte, steigt in Bus 73 oder 973 ab Haltestelle Yue Fai Road. Beide fahren direkt nach Stanley. Auch die beiden Direkt-Touren Cheung Chau (► S. 70) und Lamma (► S. 74) können Sie hier beginnen. Der Fähranleger befindet sich am westlichen Ende der Promenade.

INFOS/ÖFFNUNGSZEITEN

Ausstellungspavillon 3: Aberdeen Promenade, tgl. 9–21 Uhr
Tin-Hau-Tempel 6: 182 Aberdeen Main Rd., tgl. 8–17 Uhr, Eintritt frei
Sampan-Rundfahrt 1: verschiedene gesondert gekennzeichnete Anleger an der Aberdeen Promenade, ganztägig, 50–80 HK$/30 Min. je nach Verhandlungsgeschick.
Jumbo Floating Restaurant 1: Aberdeen Harbour, T25 53 9111, Mo–Sa 11–23.30, So, Fei 9–23.30 Uhr, Gerichte ab 200 HK$
Fischrestaurants 2: Aberdeen Promenade, tgl. 11–22 Uhr. Alle Schiffe sind einfach ausgestattet, mit Tischen auf dem Deck, Gerichte ab 100 HK$.
Fischmarkt 1: Aberdeen Promenade, tgl. 4–12 Uhr

KULINARISCHES FÜR ZWISCHENDRIN

Auf der ultraschicken Terrasse eines Ex-Lagerhauses können Sie im **Cirqle** 3 (4/F, Ovolo South Side Hotel, 64 Wong Chuk Hang Rd., T 34 60 81 00, www.ovolohotels.com.hk/ovolosouthside/eat, tgl. 6.30–10, 12–15, 18–23 Uhr, Gerichte ab 135 HK$) in hervorragender europäisch-asiatischer Küche schwelgen und die herrliche Aussicht genießen.

Cityplan: Karte 5, D 4 | **MTR:** South Island Line bis Wong Chuk Hang, Exit B

8

Vom Piratennest zum Nobelort – **der Marktflecken Stanley**

Noch bis 1850 war Stanley, das von den Hongkongern Chek-chu genannt wird, eines der übelsten Piratennester im Perlflussdelta. Dann konnten die letzten Freibeuter dingfest gemacht werden und Hongkong bekam den klangvollen Beinamen Tai Ping Shan, ›Berg des Friedens‹.

Tief durchatmen und einfach nur genießen. Wenn die Besucher abends weg sind, wird Stanley zur friedlichen Idylle. Für die Insassen des Hochsicherheitsgefängnisses gilt das wohl eher nicht.

Die Engländer gingen nicht zimperlich mit den Piraten um. Sie wurden in einem neu errichteten Gefängnis in Stanley eingepfercht und hingerichtet. Als Gefängnisstandort wird die Halbinsel bis heute genutzt. Das scheint niemanden zu stören, denn direkt neben dem Hochsicherheitsgefängnis haben sich wohlhabende Chinesen und Ausländer ihre Häuser gebaut.

Schöne Aussichten ...

Schon die Anfahrt und dann der Blick vom Parkplatz des **Stanley Plaza** 1 lässt verstehen, weshalb Stanley sich trotz seiner Vorgeschichte zu einem so beliebten Wohnort entwickeln konnte. Der traumhafte Blick über die weite Bucht begleitet einen sogar, wenn man sich über die außenliegenden Rolltreppen durch das Einkaufszentrum nach unten arbeitet: shoppen und schauen als Event. Unten angekommen steht rechts vom hübschen Vorplatz ein schlichter, 1767 erbauter **Tin-Hau-Tempel** 1 mit der Göttin der Seefahrer und zahllosen weiteren nützlichen Gottheiten. Gegenüber erhebt sich das **Murray House** 2, ein dreigeschossiges Kolonialgebäude, das 1848 als Quartier für Offiziere an anderer Stelle erbaut worden war und 2001 Stein für Stein an den aktuellen Standort transferiert wurde. Heute gehört es zum Einkaufszentrum Stanley Plaza.

... und noch mehr Ausblicke

Gleich hinter dem Murray House befindet sich der Eingang zum schönen **Ma Hang Park** 3. Ein befestigter Weg führt in 5 Min. zum kleinen, grandios gelegenen, 1805 erbauten **Pak-Tai-Tempel** 4. Von der vorgelagerten kleinen Terrasse bietet sich ein traumhafter Ausblick über die Bucht.

Promenieren auf der Promenade ...

Doch nun zurück zum Stanley Plaza, wo noch ein Tempelchen, nämlich der **Tai-Wong-Tempel** 5, den Beginn der **Stanley Promenade** markiert. Vorbei an den typischen, nach vorne offenen Restaurants, die wahrscheinlich jede Meerespromenade der Welt säumen, erreichen Sie, vorbei am **Stanley Waterfront Mart** 2, den erhöht stehenden kleinen **Shui-Sin-Tempel** 6. Vor ihm öffnet sich eine weitere Terrasse mit Aussicht über die Bucht von Stanley.

... und dann ab zum Shopping

Jetzt endlich können Sie sich in das Geschehen auf dem berühmten **Stanley Market** 3 stürzen. Er ist, na ja, irgendwie überbewertet und kann bei Weitem nicht mit seinen großen Konkurrenten, Temple Street (► S. 62) und Lady's Market (► S. 101)

D
DRACHEN

Freier Flug den Drachen – unter dieses Motto könnte man die Repulse Bay, genauer die **Repulse Bay Apartments** 10, stellen. Wie eine riesige Ozeanwelle türmt sich dieses breit gezogene Bauwerk vor dem dahinterliegenden Hügel auf. Unterbrochen wird die Welle von einer großen quadratischen Öffnung, die aus Gründen des Fengshui integriert wurde. Auf diese Weise haben die ›Drachen‹ ungestörten Zugang zu ihren Badeplätzen. Nicht minder spektakulär ist das von Sir Norman Foster entworfene **The Lily** 11 gleich nebenan. Apropos Badeplätze: Der **Repulse Bay Beach** 1 und der **Deep Water Bay Beach** 2 liegen beide an der Route der Busse nach Stanley.

B
BUSFAHRT

Am reizvollsten ist die Anfahrt mit Bus 6 (nicht Bus 6X oder 260) ab Busbahnhof Exchange Square. Diese Linie fährt nicht durch den Aberdeen-Tunnel, sondern über die Berge und während der Fahrt bieten sich immer wieder fantastische Ausblicke über den Norden und Süden von Hong Kong Island.

mithalten. Drangvolle Enge herrscht, wenn die ersten Busladungen mit Tagesausflüglern eintreffen – Grund genug sich über die Stanley New Street zur Stanley Village Road aufzumachen. Hier biegen Sie rechts ab, kommen an der alten **kolonialen Polizeiwache** 7 vorbei (heute ein Supermarkt) und laufen dann halblinks in die Tung Tau Wan Road hinein.

Nichts für schwache Nerven

Nach etwa 10 Min. erinnert an der Zufahrt zum St. Stephen's College eine **Plakette** 8 daran, dass nun das Gebiet beginnt, das die Japaner 1941 bis 1945 als Gefangenenlager für britische und andere Zivilisten nutzten. Diese waren hier unter unwürdigsten und katastrophalen Bedingungen interniert. Kurz dahinter beginnt das Areal des **Stanley Prison,** ein Hochsicherheitsgefängnis. Gleich davor liegt das **Hong Kong Correctional Services Museum** 9, das die Geschichte dieses Gefängnisstandorts dokumentiert.

INFOS/ÖFFNUNGSZEITEN

www.hk-stanley-market.com: Infos zum Stanley Market und zu Stanley
Tin-Hau-Tempel 1: tgl. 8–17 Uhr, Eintritt frei
Ma Hang Park 3, **Pak-Tai-Tempel** 4: tgl. 6–22 Uhr, Eintritt frei
Hong Kong Correctional Services Museum 9: Tung Tau Wan Rd., Di–So 10–17 Uhr, Eintritt frei
Stanley Plaza 1: tgl. 10–22 Uhr
Stanley Market 3: tgl. 10–19 Uhr

KULINARISCHES FÜR ZWISCHENDRIN

Düster gibt sich der **Smuggler's Inn** 1 (90A Stanley Main St., T 28 13 88 52, tgl. 10–24 Uhr, Pub-Gerichte ab 80 HK$), heller der **Pickled Pelican** 2 (90 Stanley Main St., T 28 13 43 13, tgl. 11–23 Uhr, Hauptgerichte ab 158 HK$) und gemütlich ist es im **Lucy's** 3 (64 Stanley Main St., T 28 13 90 55, www.lucys.hk, Mo–Sa 12–15, 18–22, So 10–15, 18–21 Uhr, Gerichte ab 65 HK$) mit mediterraner Küche.

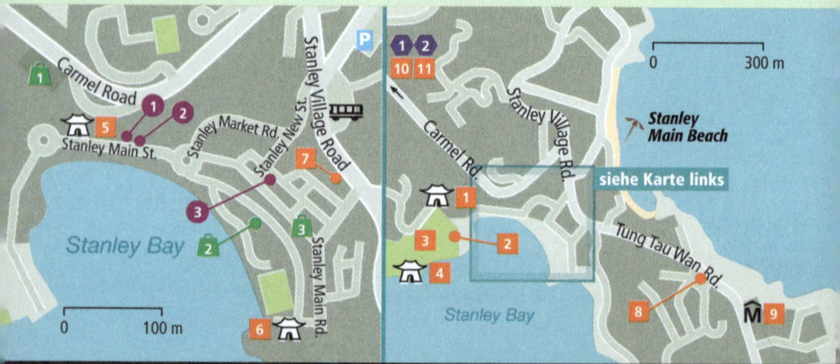

Cityplan: Karte 5, E 5 | **Bus:** 6, 6X ab Busterminal Exchange Square bis Stanley Plaza

Die ›Sandige Spitze‹ – **Uferpromenade und Avenue of Stars**

#9

Ob von der Uferpromenade oder der Avenue of Stars, einer Hommage an die lokalen Schauspieler und Showgrößen: Die großartigen Ausblicke über den Hafen auf Hong Kong Island gehören zu den beeindruckendsten der Stadt. Abends kann man von hier das Lichtspektakel »A Symphony of Lights« betrachten.

Nichts erinnert mehr daran, dass dort, wo sich jetzt die herrliche Promenade entlangzieht, einst eine sandige Küstenspitze (kantones.: *Tsim Sha Tsui*) mit einem notorisch betriebsamen Dorf das Bild bestimmte. Dass Hongkong als Einkaufsparadies berühmt werden konnte, liegt an diesem

Die passende Mode zur Skyline: Auf der Uferpromenade darf sich jeder für einen kleinen Augenblick wie ein Star fühlen.

noch immer kompromisslos kommerziellen Stadtteil.

London–Kanton–Kowloon

Kowloons spektakuläre Uferpromenade beginnt am 45 m hohen **Clock Tower** 1 nahe dem Pier der Star Ferry in Tsim Sha Tsui am Südzipfel Kowloons. Bis 1975 stand der 1921 erbaute Uhrturm als ›Bahnhofsuhr‹ neben der eleganten Station, in der seit 1912 die Züge aus Kanton endeten. Bereits 1920 wurde Hongkong die erste und einzige Stadt des British Empire, die von London aus per Eisenbahn zu erreichen war. Der Bahnhof musste 1975 weichen, an seinem Platz steht heute das Hong Kong Cultural Centre.

D
DRACHEN

Im Jahr 1277 floh der Kindkaiser der Song, Duanzong, vor den Mongolen nach Kowloon. Damals bestand die Halbinsel aus acht Hügeln, in denen sich nach alter Vorstellung acht Drachen verbargen. Nach dem Eintreffen des Kaisers, in der chinesischen Symbolik ebenfalls ein Drache, gab es von nun an neun Hügel bzw. Drachen. Der Name Kowloon, ›Neun Drachen‹, war geboren.

Weltniveau im rosa (Alb-)Traum

Man hätte sich als Ersatz für den Bahnhof wahrhaftig ein schöneres, zumindest aber repräsentativeres Gebäude als das **Hong Kong Cultural Centre** 2 einfallen lassen können. Seine rosafarbenen Kacheln erinnern eher an eine überdimensionierte Badeanstalt, aber die kulturellen Veranstaltungen haben Weltniveau: Hier gastieren internationale Ballett-, Opern- und Theaterensembles sowie die großen Symphonieorchester.

Kunst und Wissenschaft

Das hervorragende **Hong Kong Museum of Art** 3 zeigt ein vielfältiges Spektrum internationaler und chinesischer Kunst sowie chinesisches Kunsthandwerk. Die museumseigenen Sammlungen umfassen die klassische Kunst Chinas – ob Malerei oder Kalligrafie – ebenso wie die moderne, zeitgenössische. Dazu kommen Sammlungen traditionellen chinesischen Kunsthandwerks: von der Elfenbein- und Jadeschnitzerei über Porzellan bis hin zur filigranen Lackkunst. Die ständige Ausstellung umfasst mehr als 14 000 Objekte. Aktuell wird das Museum vollständig umgebaut.

Dem Kunstmuseum zur Landseite hin vorgelagert ist das **Hong Kong Space Museum** 4, das sich Astronomie und Raumfahrt verschrieben hat. Integriert ist das kugelige **Stanley Ho Space Theatre,** ein großes (3D)-Omnimax-Kino, in dem die Sternenwelt in wechselnden Shows vorgestellt wird.

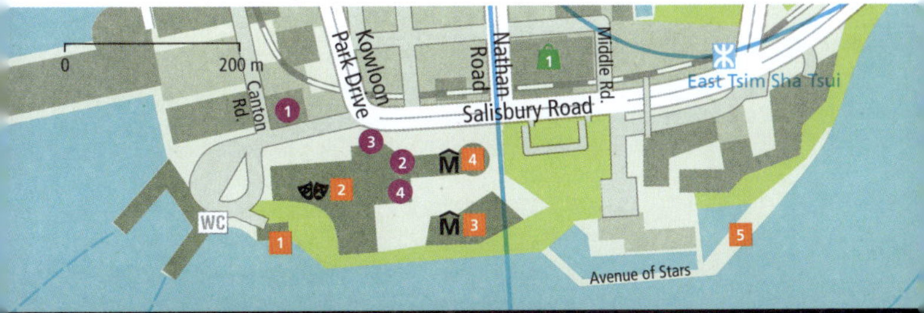

Cityplan: D–E 7–8 | **MTR:** Tsuen Wan Line bis Tsim Sha Tsui oder West Rail Line bis East Tsim Sha Tsui, Exit J

INFOS/ÖFFNUNGSZEITEN

Hong Kong Cultural Centre 2: 10 Salisbury Rd., www.lcsd.gov.hk/en/hkcc
Hong Kong Museum of Art 3: 10 Salisbury Rd., www.lcsd.gov.hk/ce/Museum/Arts, bis 2019 geschl.
Hong Kong Space Museum 4: 10 Salisbury Rd., T 27 21 02 26, www.lcsd.gov.hk/CE/Museum/Space, Mo, Mi/Do, Fr 13–21, Sa/So 10–21 Uhr, 10 HK$, Kinder 5 HK$, Omnimax-Show ab 24/12 HK$
A Symphony of Lights: www.avenueofstars.com.hk, tgl. 20–20.15 Uhr

KULINARISCHES FÜR ZWISCHENDRIN

Kantonesische Küche vom Feinsten in kolonialer Atmosphäre gibt es im **Prince Restaurant** 1 (Shop 209, 2A Canton Rd., 1881 Heritage, T 23 66 13 08, www.princerestaurant.com.hk, tgl. 11–16, 18–23 Uhr, Gerichte ab 158 HK$).

Gutes Essen in gemütlicher Umgebung gibt es im **Café Muse** 2 (T 23 66 99 56, tgl. 11.30–22.30 Uhr, Mittagsbüfett ab 67 HK$, Dinner ab 218 HK$) unter der großen Freitreppe zum Kulturzentrum.
Im **Deli and Wine** 3 (T 27 21 98 66, Mo–Sa 8.30–22, So 9.30–22 Uhr, Gerichte ab 44 HK$) neben dem Café Muse kann man zwischen 14.30–17.30 Uhr für 30 HK$ einen *afternoon tea* genießen.
Wer noch keine *dim sum* gekostet hat: auf ins **Serenade** 4 (oberhalb der Freitreppe, T 27 22 09 32, tgl. 9–23.30 Uhr, Gerichte ab 50 HK$).

SHOPPEN SATT

Selbst an der Uferpromenade muss man nicht aufs Einkaufen verzichten. Das japanische Kaufhaus **SOGO** 1 (20 Nathan Rd., www.sogo.com.hk, tgl. 10–22 Uhr) betreibt hier eine luxuriöse Filiale.

Glanz und Gloria

Hinter den Museen beginnt die 2004 eingeweihte **Avenue of Stars** 5. Die ins Meer gebaute Promenade ist eine Hommage an die lokalen Schauspieler und Showgrößen. Jackie Chan darf dabei natürlich nicht fehlen. Das ganze Jahr über finden hier Veranstaltungen statt. Zzt. wird sie neu gebaut und bis Hung Hom verlängert (Neueröffnung 2018).

Bei der absolut spektakulären Multimediashow **A Symphony of Lights** werden allabendlich die Skylines von Hong Kong Island und Kowloon zur Bühne, wenn sich die Fassaden von vierzig Wolkenkratzern in eine bunte Lichterrevue verwandeln.

10

›Nathan's Folly‹ – **entlang der Nathan Road**

›Nathan's Folly‹ (Nathans Torheit) wurde die Nathan Road anfangs genannt, die nach Vorstellung von Gouverneur Nathan (1903–07), der sie anlegen ließ, Kowloon mit den 1898 dazu gepachteten New Territories verbinden sollte. Doch seine Kritiker sollten sich irren.

1903 verlief hier noch ein unbedeutender Pfad. Den meisten Bewohnern war es nicht verständlich, weshalb eine Straße durch diese ›Pampa‹ gebaut werden sollte. Das änderte sich schlagartig mit dem Bau der Eisenbahn 1910. Schnell wurde aus der ›Torheit‹ die Hauptverkehrs- und -geschäftsachse von Kowloon. Heute herrscht hier Tag und Nacht ein unglaubliches Geschiebe und Gedränge.

Hoffentlich ist das Konto bei einem Besuch der Nathan Road gut gefüllt. Die Versuchung lauert nämlich an jeder Ecke.

Grande Dame of the Far East

Das **Peninsula Hotel** 1 am Beginn der Nathan Road reiht sich in die Tradition der großen alten Hotels des British Empire – Raffles in Singapur, Taj Mahal in Mumbai oder Shepheard's in Kairo – ein: Allesamt luxuriöse Karawansereien für die betuchten Nomaden der westlichen Zivilisation auf ihren langen Reisen um die Welt. Das Peninsula ist das einzige der großen alten Hotels in Hongkong, das die Zeiten überdauert hat und dazu auch noch sein Niveau halten konnte. Furore machte seinerzeit z. B. die Bestellung von acht Rolls-Royce für den Transport der Gäste – der größte Einzelauftrag, den die noble Autofirma jemals erhalten hatte. Erbaut 1928, blickte das Peninsula selbstbewusst und elegant über den Hafen. Aber auch dieser Nobelherberge blieb das Schicksal des Zugebautwerdens nicht erspart. Seit den 1980er-Jahren versperrt das Hongkong Cultural Centre den illustren Gästen die Aussicht. Das Problem wurde durch den Anbau eines ästhetisch fragwürdigen Hochhausturms gelöst.

Gar nicht ›grand‹

In Sichtweite der Nobelherberge stehen die **Chungking Mansions** 2. Auf seine Weise ist auch dieser Hotelkomplex ein Fenster in die Welt der Reisenden, aber jener, die mit nur wenig Geld kommen. 1962 zunächst als nobler Apartmentblock mit fünf Blöcken à 17 Etagen und jeweils nur zwei Fahrstühlen erbaut, verkam das Bauwerk im Vietnamkrieg schnell zu einem Bordellgebäude für amerikanische GIs und ab Ende der 1970er-Jahre siedelten sich hier über 100 teilweise stark heruntergekommene Hostels mit insgesamt über 4000 Betten an. 2005 kam der große Kehraus: Prostitutierte und Drogenhändler wurden konsequent vertrieben und heute sind die Chungking Mansions fest in der Hand von Indern und Pakistanis, die hier recht ordentliche Hostels und gute Restaurants betreiben.

Wimmelbilder

Schräg gegenüber steht mit dem **iSquare** 1 das komplette Gegenteil der Chungking Mansions: Ein glitzernder Einkaufstempel, modern, hell und voller Luxugeschäfte. In den Gassen dahinter fühlt man sich in ein wahres Wimmelbild ver-

Ü
ÜBRIGENS

Das Dorf Tsim Sha Tsui war dank des Wachstums der Kolonie seit 1843 stark angewachsen, aber Sitz von Triaden, Verbrechern und Schmugglern, und so fühlten sich die Briten irgendwie von der gegenüberliegenden Halbinsel bedroht und etwaigen Angriffen schutzlos ausgeliefert. Gouverneur Sir John Bowring (1854–59) nutzte einen banalen Zwischenfall, um den **Zweiten Opiumkrieg** (1856–1860) anzuzetteln. Ein Ergebnis war die Annexion Kowloons 1860.

setzt. In der **Lock Road** 3 lockt eine hohe Dichte an Nudelshops und Imbissen einen steten Strom hungriger Shopper, während die **Hankow Road** 4 mit einem bunten Mix aus Supermärkten, Drogerien, Nudelküchen und Bäckereien aufwartet. Etwas

INFOS/ÖFFNUNGSZEITEN

The Peninsula 1: Salisbury Rd., http://hongkong.peninsula.com/en
Chungking Mansions 2: 36–44 Nathan Rd., Zugang 24 Std., Vorsicht vor Taschendieben am Hauptzugang.
Kowloon Park 7: Nathan oder Canton Rd., Star Ferry oder MTR: Tsuen Wan Line bis Tsim Sha Tsui, Exit A1, oder West Rail Line bis East Tsim Sha Tsui, Exit M2, tgl. 6–24 Uhr, Eintritt frei
Former Kowloon British School 9: 136 Nathan Rd., www.amo.gov.hk/en/monuments_45.php, tgl. 9–18 Uhr
St. Andrew's Church 10: 138 Nathan Rd., www.standrews.org.hk, tgl. 8.30–17.30 Uhr, Eintritt frei
Hong Kong Observatory 11: 134A Nathan Rd., http://www.hko.gov.hk, Mo–Fr 8.30–17.45 Uhr, Eintritt frei
Signal Hill Garden 12: Minden Row, tgl. 7–23 Uhr, Eintritt frei
iSquare 1: 63 Nathan Rd., www.isquare.hk, tgl. 9–23 Uhr
Markt 2: 30 Haiphong Rd., tgl. 7–21 Uhr

KULINARISCHES FÜR ZWISCHENDRIN

Eins ist sicher, verhungern werden Sie in Tsim Sha Tsui nicht. Jede Straße, jeder Winkel und jedes Einkaufszentrum ist vollgepackt mit Restaurants, Imbisstuben und Nudelshops. Auf dichtestem Raum lässt sich hier eine wahre kulinarische Weltreise unternehmen. Das wird niemand schaffen, aber Sie könnten den Bummel mit einem ausgiebigen französischen Frühstück im **Passion by Gérard Dubois** 1 beginnen (Shop A, G/F, Lyton Bldg., 32–48 Mody Rd., T 27 21 18 66, www.passionbygd.com, Mo–Fr 9–22.30, Sa/So 8.30–22.30 Uhr, Gerichte ab 28 HK$) , mittags im **Arirang** 2 (1A, Kowloon Centre, 33 Ashley Rd., T 29 56 32 88, www.arirang.com.hk, tgl. 12–15, 18–23 Uhr, Gerichte ab 130 HK$) einen koreanischen Imbiss zu sich nehmen und sich vom Shoppen erholen, den Nachmittag beim berühmten Afternoon Tea im **The Lobby** 1 (The Peninsula, Salisbury Rd., http://hongkong.peninsula.com/en, tgl. 14–18 Uhr, 368 HK$) vertrödeln und den Abend bei leckeren Tapas und einem Glas Wein im **Playa de Papagayo** 3 (G/F, Podium Plaza, 5 Hanoi Rd., T 27 39 18 08, tgl. 12–3 Uhr, Tapas ab 70 HK$) ausklingen lassen.

Cityplan: D–E 6–7 | **MTR:** Tsuen Wan Line bis Tsim Sha Tsui oder West Rail Line bis East Tsim Sha Tsui, Exit J6 oder L4

ruhiger geht es in der **Ashley Road** 5 zu, da kein Durchgangsverkehr herrscht. Hier haben sich noblere Restaurants aus aller Herren Ländern angesiedelt. Ein Durchgang führt von der Ashley Road zur **Haiphong Road** 6, die die noblen Einkaufszentren der Canton Road mit der tosenden Nathan Road verbindet. Hier findet sich sogar noch ein chaotischer **Markt** 2 mit Obst-, Gemüse- und Metzgerständen.

Shopper vergessen gerne Zeit und Raum. Damit diejenigen, die den Linksverkehr nicht kennen, in ihrem Kaufrausch nicht unter die Räder kommen, steht auf allen Straßen die unter Umständen lebensrettende Blickrichtung.

Ein wenig Geschichte muss sein

Über die Haiphong Road führt ein Abstecher in die grüne Lunge Kowloons, den **Kowloon Park** 7. Er ist in Einheiten wie Chinesischer Garten, Vogelhaus oder Skulpturenmeile und sogar einen Comic Walk mit berühmten Comicfiguren unterteilt. Eine echte Oase der Erholung mitten im Trubel von Tsim Sha Tsui. Den Südostzipfel des Parks nimmt das 1984 erbaute **Jamia Masjid Islamic Centre** 8 ein, das den über 50 000 Muslimen der Stadt als religiöses Zentrum dient. Auf dem Gelände stand schon 1894 eine Moschee für die muslimischen Truppen der britisch-indischen Armee. Allerdings ist das Gelände für Nichtmuslime nicht zu besichtigen. Gleich dahinter beginnt der **Park Lane Shopper's Boulevard** 3, der sich bis zur Austin Road zieht und vor allem Markenshops beherbergt. Kurz vor der Austin Road sehen Sie auf der anderen Straßenseite die letzten verbliebenen Kolonialgebäude Kowloons: die ehemalige **Kowloon British School** (1902) 9, in der heute das Antiques and Monuments Office residiert und gleich dahinter die **St. Andrew's Church** (1906) 10, hinter der ein Weg zum altehrwürdigen Gebäude des **Hong Kong Observatory** (1883) 11 führt.

UM DIE ECKE

Fast vergessen ist der **Signal Hill Garden** 12, der über die Minden Row zugänglich ist. Auf dem höchsten Punkt des Hügels wurde 1906 ein Signalturm errichtet, von dem aus zu einer genau festgelegten Zeit ein sogenannter Zeitball fallengelassen wurde, der es den Seeleuten erlaubte, ihre Schiffschronometer auf die Sekunde genau zu stellen. Vor dem Turm steht ein chinesischer Pavillon, von dem aus man einen schönen Ausblick über den Hafen genießt.

Signalturm im Signal Hill Garden

#11

Märkte, Tempel, Wahrsager – **Yau Ma Tei**

Nur noch der Name Yau Ma Tei erinnert daran, dass hier einst Sesampflanzen auf weiten Feldern wogten. Heute pulsiert hier in Straßenschluchten kantonesischer Alltag zum Anfassen und entsprechend ist das Viertel ein Paradies zum Bummeln und Entdecken. Die Straßen sind voller Tempel, Märkte, traditioneller kleiner Geschäfte und Familienbetriebe. Lassen Sie sich einfach treiben.

Es muss ja nicht immer Cola sein. Ein Glas kunstvoll im Bronzekessel gebrauter Kräutertee erfrischt viel mehr, ist gesund und schmeckt auch noch köstlich.

Der Ausgang C2 der MTR-Station Jordan führt direkt auf die Bowring Street mit ihrem **Kleidermarkt**, auf dem man alle Arten von Kleidung und Stoffen bis hin zu Möbelpolstern erstehen kann. Jenseits der Jordan Road bietet die Woo-

sung Street mit ihren kleinen Restaurants und Familienbetrieben eine Vielfalt an Eindrücken.

Hoffnung auf ein wenig Glück

An der Saigon Street biegen Sie nun am besten nach links ab. An der Kreuzung gibt es einen kleinen **Mahjong-Laden** 2. Das Mahjong-Spiel ist eine Obsession der Hongkonger. So ist es nicht verwunderlich, dass sich wenige Meter die Saigon Street hinunter eine offizielle, neonglitzernde **Mahjong-Spielhalle** 1 befindet. Etwas weiter nördlich kann man dann im **Teashop** 3 an der Kreuzung von Pak Hoi und Temple Street für wenig Geld eine Tasse Fünf-Gewürze- oder 24-Geschmäcker-Tee trinken – zwei Teesorten, die helfen sollen, das innere Gleichgewicht wiederherzustellen. Die Shanghai Street wiederum ist für ihre **Pfandhäuser** bekannt. Das eingelöste Geld kann dann anschließend direkt im Wettbüro des **Hong Kong Jockey Club** 2 weiter nördlich verwettet werden.

Von Markt zu Markt

Zwei Blocks weiter westlich zieht sich ein großer **Obst- und Gemüsemarkt** 3 die Reclamation Street entlang. Auch der **Yau Ma Tei Market** 4 und einige alte Heilkräuterläden sind hier angesiedelt. Dort, wo die Reclamation Street auf die Kansu Street trifft, lockt schließlich der **Jade Market** 5. Wer tatsächlich Jade einkaufen möchte, sollte bedenken, dass hier selten hochwertige Ware angeboten wird. Nach kleinen und preiswerten Jadesouvenirs können Sie sich aber durchaus umsehen: Feilschen ist Pflicht!

Magie und mehr

Entlang der Kansu Street und der parallel weiter nördlich liegenden Market Street versammeln sich täglich Wahrsager, professionelle Schachspieler und Verkäufer von magischem Tand.

Hinter der Kansu Street geht es dann, wieder auf der Reclamation Street, weiter nach Norden und vorbei an einem **Früchte-Großmarkt** 6. Schließlich erreichen Sie die Waterloo Road. Sie ist Standort des **Yau Ma Tei Theatre** 1, das 1930 erbaut, das letzte überlebende Kino Hongkongs aus der Vorkriegszeit ist. Kurz dahinter biegt man wieder nach Süden in die Shanghai Street ein.

Ü
ÜBRIGENS

Für Chinesen sind Götter Vertragspartner, denen man (Geld-)Opfer bringt und dafür eine konkrete Gegenleistung erwartet. Um zu erfahren, ob ihr Opfer etwas gebracht hat, wenden sich die Tempelbesucher an die **Wahrsager,** die es vor vielen Tempeln gibt und bei der Deutung bestimmter Zeichen helfen. Bleibt der Erfolg aus, sucht man sich Hilfe bei einer anderen Gottheit.

▶ INFOS

Diese Tour sollten Sie am besten gegen 16 Uhr beginnen. Dann fängt das Straßenleben an zu pulsieren und das ganze Viertel vibriert bis in den späten Abend vor Aktivität: Hongkong-Feeling pur.

Waschzuber gefällig?

Der nördliche Abschnitt der Shanghai Street ist der vielleicht interessanteste und auch traditionellste Winkel im Viertel.

Gleich am Beginn steht mit dem **Red Brick Building** 2 von 1895 das älteste erhaltene Bauwerk der Hongkonger Wasserwerke. Dahinter, in der Shanghai Street 342, kommen Sie an einer **Schreinerei** 7 vorbei, die die für jeden Haushalt unerlässlichen Hackhölzer herstellt. Doch es gibt nicht nur die runden Holzblöcke, sondern viele weitere Holzutensilien bis hin zu Waschzubern. Besonders verlockend aber sind die vielen **Geschäfte,** die Inventar für Tempel, Schreine und kleine Hausaltäre verkaufen. Vielleicht möchten Sie ja einen der hübschen Spiegel zur Dämonenabwehr, die man über vielen Eingängen sieht, erstehen. Als dritte Zunft haben sich in diesem Straßenabschnitt **Metallwarenhersteller** niedergelassen, in deren Geschäften man metallenen Hausrat erstehen kann.

Karaoke für die Götter

Über die Man Ming Lane nach links und wenige Meter weiter dann nach rechts in die Temple Street: Schon können Sie schmettern, was die Lunge hergibt. Auf diesem Stück der Temple Street reihen sich mehrere **Karaoke-Restaurants** 4 aneinander. Der Clou: Hier darf jeder beim Essen singen.

Wenige Meter weiter südlich liegt der Komplex des **Tin Hau Temple** 3 mit seinem schattigen Vorplatz. Der Tin Hau Temple stammt aus der Zeit, als Yau Ma Tei noch ein geschäftiges Hafengebiet mit Hafenarbeitern und Schiffern war. Neben Tin Hau, der Göttin der Seefahrer, befinden sich in der Haupthalle 60 *tai sui,* Gottheiten, die alle für ein Jahr im chinesischen 60-Jahre-Zyklus stehen. Links des Tin Hau Temple steht der dem Stadtgott geweihte **Shing Wong Temple.** Hier werden höchst anschaulich die zehn Höllenebenen durch die der Stadtgott die Seelen Verstorbener geleiten muss, mit ihren Leidensstationen und Vorsitzenden dargestellt. Ein **weiterer Tempel** ist Kwun Yum, der Göttin der Barmherzigkeit, und To Tei, dem Erdgott, geweiht. Die **Halle** rechts des Tin Hau Temple dient all jenen Göttern als Residenz, die keinen eigenen Tempel haben. Deshalb findet man hier Steine, die Tieren oder Göttern ähneln. Sie sollen,

Hongkongs Götter sind überall, aber wer etwas von ihnen will, muss sie mit aromatischen Räucherstäbchen, den ›joss sticks‹ oder Glücksstäbchen, anlocken. Ein Schelm, wer Böses dabei denkt.

INFOS/ÖFFNUNGSZEITEN

Tin Hau Temple 3: Temple St., Jordan, MTR: Tsuen Wan oder Kwun Tong Line bis Yau Ma Tei, Exit C, tgl. 8–17 Uhr
Kleidermarkt 1: Bowring St., tgl. 11–23 Uhr
Mahjong-Laden 2: 58 Woosong St., tgl. 10–21 Uhr
Obst- und Gemüsemarkt 3, **Yau Ma Tei Market** 4: Reclamation St., tgl. 6 bzw. 7–21 Uhr
Jade Market 5: Kansu St., MTR: Tsuen Wan oder Kwun Tong Line bis Yau Ma Tei, Exit C, tgl. 9–18 Uhr
Temple Street Market 8: Temple St., Jordan, tgl. 17–24 Uhr
Teashop 3: ca. 11–23 Uhr
Karaoke-Restaurants 4: Temple St., Jordan, tgl. ca. 11.30–23 Uhr

KULINARISCHES FÜR ZWISCHENDRIN

Viele kleine Nudelshops und Restaurants gibt es auf der Woosung und der Parkes Street. Wer etwas Originales sucht, sollte das Straßenrestaurant **Spicy Crab** 1 (105 Woosung St., tgl. 16–24 Uhr, Gerichte ab 60 HK$) aufsuchen. Ähnlich gut ist das **Tong Tai Seafood Restaurant** 2 (184 A Temple St./Ecke Ningpo St., tgl. 16–24 Uhr, Gerichte ab 60 HK$).
Gemütlich Kaffee trinken können Sie im **Literaturcafé** der **Kubrick BC Film Library** 5 (Shop H2, Prosperous Garden, 3 Public Square St., T 23 84 89 29, www.kubrick.com.hk, tgl. Café 11.30–21.30, Speisen 12–20.30, Buchverkauf 11.30–22 Uhr) – und im Laden Filme und Bücher zum Thema Film erwerben.

NOCH MEHR FILME

Die **Broadway Cinematheque** 1 nebenan ist eines der raren Programmkinos der Stadt. Infos zu Programm und Veranstaltungen: www.cinema.com.hk/en.

Cityplan: C–D 4–6 | **MTR:** Tsuen Wan Line bis Jordan, Exit C2

In Yau Ma Tei reihen sich Geschäfte, Märkte und Restaurants in dichter Folge aneinander. Da wird schon mal ein Laden übersehen. Damit das nicht passiert, werden überall Winkekatzen aufgestellt. Sie sollen für einen steten Strom an Kunden sorgen.

so der Glaube, göttliche Kräfte besitzen, die den Gläubigen helfen können. Ganz rechts in der Anlage befindet sich schließlich der Shue Yuan, wo Wahrsager ihre Stände haben.

Hongkongs Markt der Märkte

Wer den Besuch mit einem Bummel über den **Temple Street Market** 8 abschließen möchte, sollte den Spaziergang so legen, dass er nach 18 Uhr am Markt eintrifft. Denn erst sobald der Tempel seine Tore um 17 Uhr schließt, öffnet der Markt so richtig. Vorher ist das unmöglich, da sonst die Göttin Tin Hau gestört werden könnte.

Auch viele Wahrsager bauen am Abend an der Temple Street Ecke Kansu Street und Market Street ihre Stände auf und oft sitzen hier junge Paare, die sich ihre Zukunft voraussagen lassen. Zwischendrin stehen immer wieder Quyi-Spieler, meist alte Menschen, die volkstümliche chinesische Musik auf traditionellen Instrumenten spielen, während andere ihre Karaokeanlagen aufbauen und jeden singen lassen, der Lust hat.

Richtig voll wird es auf Hongkongs bekanntestem Nachtmarkt ab 21 Uhr. Es gibt Stände mit Herrenbekleidung – schließlich hieß der Markt ursprünglich Men's Street –, mit Uhren, Kunsthandwerk, Spielzeug, Souvenirs usw. Für den kleinen oder großen Hunger finden sich hier außerdem unzählige Garküchen, die leckere Imbisse anbieten.

UM DIE ECKE

Hong Kong International Commerce Centre

Westlich von Yau Ma Tei ragt das gigantische **Hong Kong International Commerce Centre** 4 (1 Austin Rd. West, MTR: Tong Chung Line bis Kowloon) in den Himmel – mit 118 Etagen und einer Höhe von 484 m der höchste Wolkenkratzer der Stadt. In seiner 100. Etage bietet die Aussichtsplattform **sky 100** (www.shkp-icc.com, So–Do 10–21, Fr/Sa 10–22.30 Uhr, 168 HK$, online 151 HK$, Kinder 118/106 HK$) , in 393 m Höhe eine fantastische 360°-Rundumsicht. Kommen Sie an einem Wochentag, dann wird es nicht so voll und man kann das Panorama in Ruhe genießen. Zu Füßen des Wolkenkratzers erstreckt sich übrigens die riesige **Elements Shopping Mall** (www.elementshk.com), die in fünf Bereichen die Fünf Elemente – Feuer, Wasser, Metall, Erde und Holz – repräsentiert.

Clangebiet – **der Ping Shan Heritage Trail**

12

Fünf große Clans besiedelten einst das Territorium von Hongkong. Das Dorf Ping Shan war und ist ein Wohngebiet der adligen Tang. Entlang des ausgeschilderten Weges sieht man alle Elemente, die das Clanleben noch heute ausmachen: Schreine, Studierhallen und Ahnentempel.

Seit dem 12. Jh. siedelt ein Zweig des mächtigen Tang-Clans in Ping Shan. Entlang einer gut 1 km langen Strecke sieht man alle Elemente und Bauwerke, die für das Clanleben bedeutend waren und noch heute wichtig sind.

Pagoden, Schreine, alte Dörfer

Der ausgeschilderte Weg beginnt bei der MTR-Station an der über 600 Jahre alten **Tsui-Sing-Lau-Pagode** 1, der einzigen alten Pagode

Wenn der Tang-Clan Neujahr feiert, dann kracht es richtig. Beim Poon Choi, dem Big Bowl Feast im Ahnentempel, werden alle Clanmitglieder üppig verköstigt.

Der Aberglaube in den New Territories wie er leibt und lebt: Die Türgötter sorgen dafür, dass kein Unheil ins Haus gelangt.

Hongkongs. Im Sinne des Fengshui sollte sie böse Einflüsse aus dem Norden abwehren. In ihr steht eine Skulptur des Fui Shing, des Gottes der Literatur, dem man im alten China für das Bestehen der kaiserlichen Beamtenprüfungen opferte.

Nächster Stopp am Weg ist ein **Schrein des Erdgotts She Kung** 2, des Beschützers der Dorfbewohner. Bei solchen Schreinen handelt es sich fast immer um eine einfache Ziegelkonstruktion, auf die Steine gelegt werden, die die Anwesenheit des Gottes symbolisieren.

Hinter dem Schrein erreicht Sie dann mit **Sheung Cheung Wai** 3 das einzige ummauerte Dorf in Ping Shan. Es wurde vor etwa 200 Jahren erbaut.

Beten und studieren

Hinter dem Dorf führt der Weg nun an einer über 200 Jahre alten **Brunnenkonstruktion** 4 vorbei zum **Yeung Hau Temple** 5. Er ist der Schutzgottheit Hau Wong geweiht.

Vom Tempel läuft der Weg nun nach Süden, wo Sie nach wenigen Schritten den mächtigen **Ahnentempel der Tang** 6 erblicken. Die eindrucksvolle Anlage, die zu den schönsten Hongkongs zählt, wurde vor 700 Jahren erbaut und besteht aus drei Hallen, die sich entlang zweier Höfe aufreihen. Hier wurden die Ahnentäfelchen der verstorbenen Clanmitglieder, denen man gemäß dem konfuzianischen Kodex regelmäßig opferte, aufgestellt.

Gleich daneben schließt sich der im 16. Jh. erbaute **Yu-Kiu-Ahnentempel** 7 an. Er fungierte auch als Schule für die Kinder des Clans, die hier auf die Beamtenprüfungen vorbereitet wurden. Ihr

P PRÜFUNG

Drei große Prüfungen, die fast 2000 Jahre lang als Einstieg in die Beamtenkarriere dienten, gab es im alten China. Grundlage waren die konfuzianischen Klassiker und ihre Kommentarwerke. Die *xiangshi* fanden auf lokaler Ebene alle drei Jahre im Herbst in den Provinzhauptstädten statt. Die *huishi* wurden im folgenden Frühjahr für die erfolgreichen Absolventen der *xiangshi* in der Hauptstadt abgehalten und deren beste wiederum durften kurze Zeit später an den *tingshi* im Kaiserpalast teilnehmen. Nur wer dieses Examen bestand, konnte in die höchsten Ämter aufsteigen.

UM DIE ECKE

Ein weiteres der wenigen noch vollständig erhaltenen, von einer Schutzmauer umgebenen Dörfer ist **Kat Hing Wai.** Fahren Sie von Ping Shan zwei Stationen mit der MTR zurück bis zur Station Kam Sheung Road und gehen von Ausgang B über die Fußgängerbrücke geradeaus weiter bis zur Kam Sheung Road, der Sie nach links folgen. An ihrem Ende laufen Sie rechts in die Kam Tin Road und bis zum Dorf (15 Min. ab MTR). Wer Zeit hat, kann von hier aus noch der Beschilderung zum **Kam Tin Tree House** folgen, einer Ruine, die vollständig von den Wurzeln eines mächtigen Banyanbaums umschlungen wird.

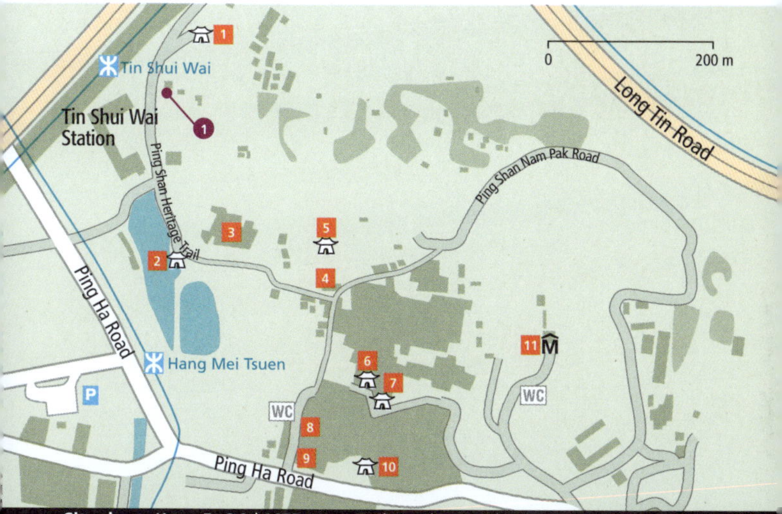

Cityplan: Karte 5, C 2 | **MTR:** West Rail Line bis Tin Shui Wai, Exit E3

INFOS/ÖFFNUNGSZEITEN

Tsui Sing Lau Pagode 1, **Tang-** 6 und **Yu-Kiu-Ahnentempel** 7, **Kun Ting Study Hall** 8, **Ching Shu Hin** 9: tgl. 9–13, 14–17 Uhr, Eintritt frei.
Yeung Hau Temple 5 **und Hung Shing Temple** 10: tgl. 24 Std.
Ping Shan Tang Clan Gallery 11: Di–So 10–17 Uhr, Eintritt frei.

KULINARISCHES FÜR ZWISCHENDRIN

Auch fern der Innenstadt müssen Sie nicht hungern. Das **Thai Gather Restaurant** 1 (G/F, 5 Sheung Cheung Wai, Tin Shui Wai, T 26 88 29 08, tgl. 11–23 Uhr, Gerichte ab 68 HK$) ist ein stilvoller Thailänder mit gemütlicher, abgetrennter Terrasse gleich in der Nähe der Pagode.

Bestehen bildete die Voraussetzung für den Eintritt in das Leben eines Mandarins und kaiserlichen Beamten.

Auch in der 1870 errichteten **Kun Ting Study Hall** 8 wurden die Kinder des Clans auf die kaiserlichen Examina vorbereitet.

Gleich neben der Studierhalle und mit ihr über eine kleine Brücke verbunden, wurde für hochrangige Gäste das aufwendig ausgestattete **Gästehaus Ching Shu Hin** 9 errichtet.

Ping Shan Tang Clan Gallery

Vorbei am **Hung Shing Temple** 10, in dem Hung Shin, eine Schutzgottheit der Fischer und Seefahrer, verehrt wird, gelangen Sie hinauf zur **alten Polizeistation von Ping Shan** 11, in der sich heute ein Museum zum Leben des Tang-Clans befindet.

13

Strände, Dörfer und Buddhisten – **Inselparadies Lantau**

Tai Yee Shan, ›Großer Inselberg‹, nennen die Chinesen die größte Insel der Stadt. Mit über 145 km² doppelt so groß wie Hong Kong Island, bietet der ›Gebrochene Kopf‹, Lantau, viel Geschichte, immer noch relativ unberührte Natur und einige der schönsten Wandermöglichkeiten in Hongkong.

Auch das schlechte Wetter, das Hongkong so gerne heimsucht, bietet seinen ganz eigenen Reiz. Eingehüllt in den Nebel, erscheint der Buddha so wenig fassbar wie das Nirvana.

Was für ein Einstieg in die Idylle der Insel! Die Seilbahnfahrt mit der **Ngong Ping 360°** 1 führt über 5,7 km hoch in die Berge zum Touristendorf Ngong Ping Village in der Nähe des Po-Lin-Klosters. Unter der Seilbahn verläuft der rund 7,5 km lange **Wanderweg von Tung Chung zum Kloster** 1, für den Sie wenigstens 2,5 Stunden einplanen sollten.

Erst der Kommerz, dann die Religion

Sobald Sie die Seilbahnstation verlassen haben, sind Sie schon in **Ngong Ping Village** 2. Zwar kein altes, gewachsenes, sondern ein ›künstliches‹, aus touristischen Gründen angelegtes Dorf, das direkt auf das Kloster zu führt. Doch es hält eine alte chinesische Tradition aufrecht: Schon im alten China lagen Religion und Kommerz dicht beieinander. So hatten sich vor allen wichtigen Tempeln stets auch Märkte und Geschäfte angesiedelt und Läden finden sich hier zuhauf. Angereichert wird das Einkaufserlebnis in Ngong Ping noch durch die Multimediashows **Walking with Buddha,** eine Art Erleuchtungsspektakel rund um das Leben Buddhas, und **Stage 360** mit Stuntszenen aus bekannten Hongkonger Filmen.

Ein Traum wird Realität

Die ersten drei Mönche ließen sich um 1900 auf dem Areal des heutigen Klosters nieder. Andere Mönche folgten ihrem Beispiel und 1928 wurde das **Po-Lin-Kloster** 3 schließlich offiziell gegründet.

Größte Attraktion und Symbol der gewachsenen Bedeutung ist der riesige sitzende **Tiantan-(Himmelstempel-)Buddha** 4, hier einfach nur **Big Buddha** genannt, die größte bronzene Buddha-Statue der Welt. Ihre Konstruktion geht angeblich auf einen Traum des Abtes Zhuih im Jahr 1972 zurück, in dem er einen Buddha auf einem der Berggipfel von Lantau sitzen sah. Kurze Zeit später wurde der Vorschlag für den Bau der Statue offiziell unterbreitet und über 600 000 Hongkonger Buddhisten beteiligten sich mit Spenden an den Kosten. 1993 wurde der 250 t schwere Big Buddha eingeweiht.

268 schweißtreibende Stufen führen hinauf und hineingehen kann man auch. Allein der Sockel in Form einer Lotosblüte ist 10 m hoch, die Statue selbst noch einmal 23 m. Sechs große Bodhisattva-Statuen in Opferhaltung flankieren den Buddha. Die von ihnen dargebrachten Opfer symbolisieren die Sechs Vollkommenheiten (Freigiebigkeit, Sittlichkeit, Geduld, Willenskraft, Konzentration, Weisheit), die alle Voraussetzung zur Erlangung der Buddhaschaft sind.

Natur und Buddhismus

Der rund 2,5 km lange **Naturlehrpfad**, der **Ngong Ping Fun Walk** ❷, ist vom Eingang zum Big Buddha an ausgeschildert und führt durch die sub-

D
DELFINE

Dem Untergang geweiht? – ist vermutlich der Rosa Delfin. Neue Autobahnen, schnelle Zugverbindungen und der Flughafen haben Lantau in den Brennpunkt der Entwicklung gerückt und es ist gut vorstellbar, dass die Insel in ferner Zukunft eine ähnliche Skyline aufweisen wird wie heute Hongkong. Das tragische Symbol der Zerstörung ist der Rosa Delfin, der sich in den Wellen der Nord- und Westküste Lantaus tummelt. Es ist die einzige noch existierende Kolonie dieser Delfinart im Südchinesischen Meer und ihr Bestand von 158 Tieren (1990) ist im Jahr 2015 auf rund 60 Tiere gesunken. Da der Flughafen Chep Lap Kok genau in ihren Lebensraum hineingebaut wurde und nun auch noch eine Erweiterung geplant ist, wird es kaum möglich sein, das Hongkonger Maskottchen zu retten.

Cityplan: Karte 5, A–B 5–4 | **MTR:** Tung Chung Line bis Tung Chung und von dort Ngong Ping 360° bis zum Ngong Ping Village

INFOS/ÖFFNUNGSZEITEN

An- und Abreise: Vom Outlying Island Ferry Pier 6 bestehen **Fährverbindungen** (Express- und normale Fähren, www.nwff.com.hk) nach Mui Wo, 24 Std. am Tag, Fahrtzeit 25 Min. **Bus:** www.newlantaobus.com (Zeiten, Preise). Von Tung Chung fahren Bus 23 nach Ngong Ping und Bus 3M nach Mui Wo. Von Ngong Ping gelangen Sie mit Bus 21 nach Tai O, mit Bus 2 nach Mui Wo, von Tai O können Sie mit Bus 1 nach Mui Wo fahren.

Ngong Ping 360° 1: www.np360.com.hk, MTR: Tung Chung Line bis Tung Chung, Seilbahn Mo–Fr 11–17, Sa/So 10–17.30 Uhr, einfache Fahrt 115 HK$, Kinder 60 HK$, hin und zurück 165/85 HK$

Walking with Buddha: Ngong Ping Village, www.np360.com.hk, tgl. 11–16 Uhr alle 20 Min., Dauer 20 Min., 40 HK$

Stage 360: Ngong Ping Village, www.np360.com.hk, tgl. 12, 13.30, 14.15, 15, 15.45, 16.30 Uhr, Dauer 15 Min., 88 HK$

Po-Lin-Kloster 3: Ngong Ping Village, www.plm.org.hk, tgl. 8–18 Uhr, Eintritt frei

Big Buddha 4: Ngong Ping Village, www.plm.org.hk, tgl. 10–17.30 Uhr, Eintritt frei

KULINARISCHES FÜR ZWISCHENDRIN

Am Big Buddha wird **vegetarische Küche** (Mo–Fr 11.30–16.30, Sa/So, Fei 11.30–19 Uhr, Gutschein am Eingang zu erwerben, Snacks 33 HK$, Essen 88 HK$, Deluxe-Menü 128 HK$) angeboten. Im **Dorf Ngong Ping** selbst gibt es viele Lokale wie das **Zen Noodle Café** 1 (Mo–Fr 10–18, Sa/So 9–18.30 Uhr, Gerichte ab 46 HK$) oder **Matsuzaka Express** 2 (Mo–Fr 10–18, Sa/So 9–18.30 Uhr, Gerichte ab 32 HK$).

Gute Lokale in **Tai O** sind z. B. das alteingesessene **Fook Moon Lam Restaurant** 3 (gegenüber der zentralen Brücke, T 29 85 70 71, Gerichte ab 40 HK$) oder das **Good View Seafood Restaurant** 4 in der Hauptstraße (15 Wing On St., Gerichte ab 50 HK$).

In **Mui Wo** liegt gleich links vom Hafenhaus das gemütliche, beliebte **China Bear** 5 (Mui Wo Centre, T 29 84 97 20, tgl. 10–2 Uhr, Gerichte ab 40 HK$), das wie eine Strandbar aufgemacht ist.

tropische Flora Hongkongs. Für den Rundweg benötigen Sie ca. 45 Min. Ein Höhepunkt am Weg ist der **Wisdom Path** 5. Hierbei handelt es sich um ein faszinierendes buddhistisches Kunstwerk, das – aus der Vogelperspektive erkennbar – die Form des Zeichens ∞, des Symbols für die Unendlichkeit der Lehre, darstellt. Auf 8–10 m hohen hölzernen Stelen, 38 an der Zahl, hat der Kunstprofessor Jao Tsung-I das Herz-Sutra eingravieren lassen. Dieses Sutra beinhaltet die Essenz der sogenannten Prajñaparamita-Erklärungen, der Erklärungen über die Vervollkommnung der Weisheit. Nur die 23. Säule auf dem höchsten Punkt des Hügels ist ohne Schriftzeichen und symbolisiert so die Leerheit (Shunyata) als Kernthema des Sutras.

Der Himmelstempel-Buddha ist die größte bronzene Buddha-Statue der Welt.

Zurück zu den Anfängen

Vom Busbahnhof am Ngong Ping Village fahren Busse nach **Tai O** 6, Hauptort der Insel und eines der Hauptsiedlungsgebiete der Tanka, die wohl als erste in diesem Region siedelten. Ihre Häuser stehen entlang eines Meeresarms auf Holzpfählen im Wasser, denn per kaiserlichem Dekret war es ihnen bis 1729 verboten, an Land zu siedeln. Am besten lassen Sie sich in diesem ursprünglichen Ort ziellos durch die Gassen treiben. Oder Sie unternehmen eine kleine Wanderung zu Tempeln wie dem **Kwan Tai Temple** 7, dem **Hung Shing Temple** 8 oder dem **Yeung Hau Temple** 9. Interessant ist auch das koloniale Gebäude der **Former Tai O Police Station** 10 (► S. 89) am Ende der Landzunge.

Schön gestaltet sich ein Spaziergang über den **Deich** 11 nach **Nam Chun Tsuen** 12, einem Fischerdorf. Auch Delfine können Sie hier beobachten. An verschiedenen Anlegern in Tai O werden halbstündige Bootsfahrten (20 HK$) angeboten.

Baden oder wandern? Alles möglich!

Per Bus gelangen Sie von Tai O auf die andere Seite der Insel nach **Mui Wo** 13. Die Fahrt führt vorbei an mehreren schönen **Sandstränden** 3, sodass Sie gut eine Badepause einlegen können. Doch auch Mui Wo selbst ist ein Strand vorgelagert. Alternativ können Sie auch eine Mini-Wanderung machen: zu Tempeln, etwa dem **Pak Tai** 14 (15 Min.) oder dem **Man Mo Temple** (25 Min.) 15 oder, wenn Sie genug Tempel gesehen haben, zur **Silvermine Cave** 16 und dem gleichnamigen kleinen Wasserfall (30 Min.).

Sightseeing macht hungrig. Wie gut, dass auch auf Lantau allerorten mit leckeren, gegrillten Meeresfrüchten für das leibliche Wohl gesorgt wird.

14

Insel der Ruhe – **Cheung Chau**

Wer sich nicht allzu weit von der Zivilisation entfernen will und einen gemütlichen Spaziergang vorbei an kleinen Tempeln, hübschen Häusern, atmosphärischen Märkten, aber auch durch ein Stück autofreie Natur sucht, der ist hier genau richtig. Und wen die Füße nicht mehr tragen, der tuckert gemächlich mit einem Kaido zurück zum Hafen mit seinen zahlreichen Fischrestaurants.

Die Fußwege der Insel sind asphaltiert und es gibt keinen Autoverkehr, sodass sich die Insel gemütlich erwandern lässt. Den besten Eindruck vom eigentlichen Cheung Chau gewinnen Sie, wenn Sie vom Anleger zunächst die **Praya Street** 1 am Hafen entlang nach Norden (aus dem Hafengebäude kommend nach links) laufen. Am Ende, beim großen Sportplatz, nach rechts abbiegend

Keine Autos? Kein Problem! So hat auf Cheung Chau jeder Zeit für einen kleinen Flirt.

erreichen Sie über die Basketballplätze auch schon eine der Hauptsehenswürdigkeiten, den Pak Tai Temple.

Barfuß gegen den Dämonenkönig

Der **Pak Tai Temple** 2 wird manchmal auch Yuk Hui Kung (›Palast der Jade-Leerheit‹) genannt. Er wurde 1783 gegründet und ist Pak Tai *(Beidi),* dem Herrscher des Nordens, geweiht. Er soll barfuß kämpfend und mit wallendem Haar in grauer Vorzeit einen Dämonenkönig und dessen zwei Gehilfen – eine Schlange und eine Schildkröte – besiegt haben. Bis heute wird Pak Tai daher barfuß dargestellt und die Darstellungen von Schlange und Schildkröte – beide zusammen sind mit der Farbe Schwarz Symbole für den Norden – dürfen ebenfalls nicht fehlen.

Der Legende nach war im Jahr 1777 auf Cheung Chau eine Pestepidemie ausgebrochen und die örtlichen Fischer brachten deshalb das Bildnis des Dämonenbezwingers aus dem Dorf ihrer Ahnen auf die Insel, woraufhin die Kranken wieder gesund wurden. Pak Tais Sieg über die Pest bot natürlich Anlass für Feierlichkeiten – woraus eines der großen Feste Hongkongs, des Bun-Festivals (s. rechts) auf Cheung Chau, entstand.

Sicher ist sicher

Ob Pak Tai tatsächlich selbst Schutz benötigt? Oder ist es vielmehr eine Ehrenwache? Auf jeden Fall bewachen zwei Generäle seinen Altar: auf der rechten Seite der ›Mit-dem-Wind-Ohr‹ *(Shunfenger)* und linker Hand ›Tausend-Li-Auge‹ *(Qianliyan).* Ihnen wird nachgesagt, dass sie alles hören bzw. sehen können, unabhängig von der Entfernung.

Dorfleben, Strandleben und ... Bronzezeit

Vom Tempel aus bietet es sich an, entlang der **Pak She Street** 3. einer kleinen Wohn- und Geschäftsstraße, und der folgenden **San Hing Street** 4 mit ihren kleinen Obst- und Gemüsegeschäften, kleinen Tempelchen und Schreinen zum **Hauptplatz** 5 zu laufen. Von dort führt die Tung Wan Road Richtung Osten nach wenigen Metern zum **Tung Wan Beach** 1. Der lange

B
BUN-FEST

Ein Brötchenfest? Denn nichts anderes bedeutet Bun-Festival. Tatsächlich stehen drei gewaltige, 16 m hohe, aus chinesischen Brötchen errichtete Türme im Zentrum des Geschehens vor dem **Pak Tai Temple** 2. Die ›Unterweltsbrötchen‹, Opfer für die Geister, werden erst, nachdem letztere sich bedient haben, an die Feiernden verteilt. Das Festival, eine Mischung aus Karneval und Opferfest, ist eines der farbenprächtigsten Feste Hongkongs. Alljährlich verwandelt es die kleine Insel an einem durch Orakelbefragung ausgewählten Termin im 4. Mondmonat (www.cheungchau.org) für fast acht Tage in einen schlaflosen Hexenkessel. Eine der faszinierendsten Attraktionen sind die ›Treibenden Farben‹ *(piao se)* am dritten Tag. 5–8 Jahre alte Kinder werden in fantasievollen Kostümen aus der chinesischen Oper, Mythologie oder Geschichte durch die Straßen getragen.

Sandstrand ist vor allem an Wochenenden sehr belebt, unter der Woche hat man ihn fast für sich alleine. Sie können nun entlang der Cheung Chau Beach Road bis zum **Warwick Hotel** 6 spazieren. Gleich an der Meerseite vor dem Hotel befindet sich ein aus der Bronzezeit stammender, **mit geometrischen, stilisierten Tierzeichnungen geschmückter Fels** 7. Eine Hinterlassenschaft jener Menschen, die hier um 1000 v. Chr., also in der Bronzezeit, lebten.

Über die Peak Road zum Piratennest

Zurück am Warwick Hotel zweigt links die Cheung Chau Sports Road und von dieser dann rechts die Kwun Yam Wan Road ab. Dort stoßen Sie auf den **Kwan-Kung-Pavillon** 8. Der 1973 erbaute Tempel ist dem Kriegsgott Kwan Ti (Guandi) geweiht. Sein rotes Gesicht ist ein Symbol von Macht und Loyalität. In seinen Tempeln wurden traditionell Rechtsstreitigkeiten gelöst. Das ist auch der Grund, warum man sie über ganz Hongkong verteilt findet. Vom Tempel aus zweigt links die schmale, gepflasterte (kein Straßennamensschild) Cheung Chau Peak Road ab, auf der Sie bis Sai Wan wandern können (ca. 1,5 Std.) – ein schöner Spaziergang. Die Peak Road ist gleichzeitig die Straße zum **chinesischen** 9 und **katholischen Friedhof** 10 – wegen ihres guten Fengshuis zählen sie zu den beliebtesten in Hongkong. So trifft man hier immer wieder auf Begräbnisprozessionen.

In **Sai Wan** 11 angekommen, sollten Sie der Beschilderung zur **Cheung-Po-Tsai-Höhle** 12 folgen.

Traurig oder eher müde? Stundenlang müssen die ›Treibenden Farben‹, festgebunden an schmalen Stangen, in ihren bunten Kostümen ausharren, während sie bei den Prozessionen des Bun-Festivals durch die Straßen getragen werden.

UM DIE ECKE

Wunderschön ist ein Spaziergang vom **Kwun Yam Beach** 2 zur kleinen **›Großen Mauer‹** 14 von Cheung Chau. Vom Wassersportzentrum in der Mitte des Strandes führt ein ausgeschilderter, gepflasterter Weg zur Mini Great Wall, so genannt, weil der Weg mit seinen Balustraden ab der zweiten Hälfte ein wenig an die echte Große Mauer erinnern soll. Ob das wirklich so ist … Aber der 20-minütige Spaziergang durch die Natur führt zu zwei wunderschön gelegenen **Aussichtspavillons** 15, einer oben auf dem Berg und einer unten am Wasser, von denen sich fantastische Blicke über die Bucht bieten.

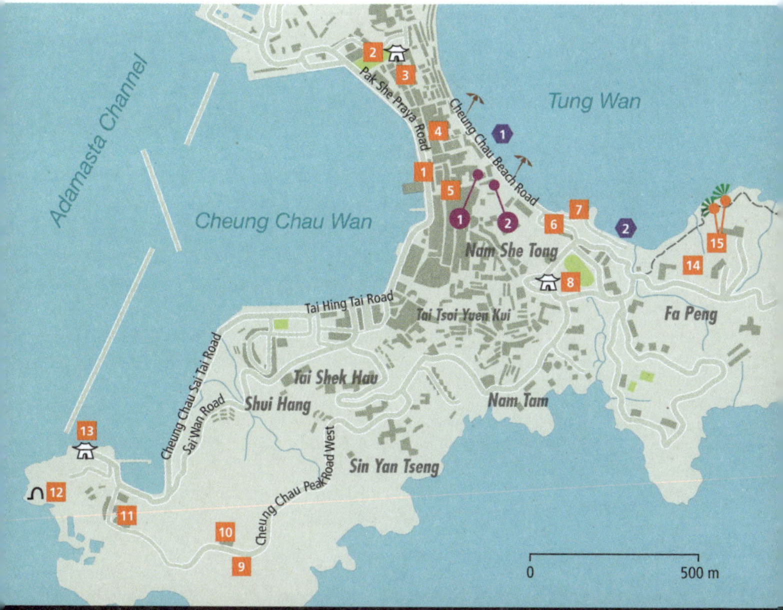

Cityplan: Karte 5, C 5 | **Fähre:** ab Outlying Ferry Pier 5 (alle 30 Min.) und von Mui Wo auf Lantau

INFOS/ÖFFNUNGSZEITEN

An- und Abfahrt: Die Fähren zwischen dem Central Ferry Pier 5 und Cheung Chau verkehren tgl. 24 Std. alle 30–40 Min. Zwischen Cheung Chau und Mui Wo auf Lantau pendelt 10 x tgl. die Inter Islands Ferry (30 Min., Fahrplan/Preise für beide: www.nwff.com.hk), sodass Sie beide Inseln an einem Tag besuchen können.
Pak Tai Temple 2: tgl. 7–17 Uhr, Eintritt frei, Spenden erwünscht

KULINARISCHES FÜR ZWISCHENDRIN

Eine endlose Abfolge von Restaurants säumt fast die gesamte Hafenfront entlang der Praya Street von Cheung Chau. Spezialitäten sind Fisch und Meeresfrüchte. Ein nettes Lokal ist das **Hometown Teahouse** 1 (15–17 Church Rd., tgl. 11.30–21 Uhr, Menüs ab 138 HK$), wo es nicht nur Tee, sondern auch köstliche Sushi gibt. Wenige Meter weiter, kurz vor dem Strand, lädt die **Eggenberg Café Bar** 2 (tgl. 11–23 Uhr) zu einem kühlen Bier und Snacks ein.

Cheung Po Tsai war einer jener gefürchteten Piraten, die Anfang des 19. Jh. die Gewässer Guangdongs unsicher machten. In dieser Höhle soll er die erbeuteten Schätze versteckt haben.

Von der Höhle aus können Sie noch der Beschilderung zu einem weiteren **Tin Hau Temple** 13 folgen oder aber direkt zum Anlegerwandern und mit einem *kaido* (5 HK$) zum Fährhafen zurückfahren.

15

Sommer, Sonne, Strände – **Lamma**

Die südwestlich von Hong Kong Island gelegene Insel Lamma gilt als eines der ursprünglichsten Gebiete Hongkongs. Die rund 8000 Einwohner, darunter über die Hälfte Ausländer, wohnen in den beiden größten Orten Yung Shue Wan und Sok Kwu Wan, während der Rest der Insel pure Natur mit Bergen, die von Wanderwegen durchzogen werden, und Stränden ist. Einzig das große Kohlekraftwerk bei Yung Shue Wan trübt die autofreie Idylle – aber nur auf den ersten Blick.

Nein, das ist nicht die Südsee. In den malerischen Buchten Lammas wird Garnelenpaste getrocknet und wer dafür kein Auge hat, der kann sich ganz den Bade- und Wanderfreuden widmen: Urlaub pur.

Selbstverständlich können Sie auch nur zum Baden nach Lamma fahren, aber viel schöner ist es, Wandern und Baden zu kombinieren. Bevor aber der erste Badestopp winkt, heißt es vom Fähranleger in **Yung Shue Wan** 1 aus, den Wanderweg zu finden. Dazu folgen Sie der **Yung Shue Wan**

Main Road 2 vom Ausgang des Hafengebäudes ins Dorf. Vorbei an Hotels und Restaurants erreichen Sie nach wenigen Minuten das **Dorfzentrum** 3 mit einer Kreuzung, an der Sie nach links in die **Yung Shue Wan Back Street** 4 abbiegen und von nun an der Beschilderung Hung Shing Yeh Beach/Si Kwu Wan folgen. Wer noch nicht tempelmüde ist, kann auch erst im Zentrum von der Kreuzung aus geradeaus weiterlaufen und am Ende der Straße den kleinen **Tin-Hau-Tempel** 5 von Yung Shue Wan besuchen.

Drei Dörfer und ein Grab

Dicht an dicht reihen sich hinter Yung Shue Wan drei Dörfer aneinander: **Sha Po** 6, **Tai Yuen** 8 und **Wang Long** 9. Gleich hinter Sha Po passieren Sie ein **traditionelles chinesisches Grab** 7, das vollständig den Fengshui-Regeln für traditionelle Gräber entspricht. Die traditionell eingestellten Chinesen sind davon überzeugt, dass die Seelen der Verstorbenen eng mit dem Schicksal der Familien verbunden bleiben. Wenn der Körper in korrekter Lage bestattet wird und es ihm dadurch möglich ist, in das wohltuende, alles umfassende *qi* aufgenommen zu werden, dann kann der Verstorbene seine positive Energie den Nachkommen übermitteln und ihr Glück vergrößern. Neben vielen anderen Faktoren sollte die Grabstelle daher Berge – idealerweise in Form einer Schildkröte, die ein Symbol langen Lebens ist – im Norden und Wasser oder eine flache Landschaft im Süden aufweisen.

Pack die Badehose ein ...

Nach rund 30 Min. Fußweg vom Pier ist endlich der erste Höhepunkt der kleinen Wanderung erreicht: der wunderschöne **Hung Shing Yeh Beach** 1 mit Strandbars, Duschen, Umkleiden und Grillplätzen. Wer hier grillen möchte, muss allerdings sämtliche Utenilien mitschleppen. Einziger Wermutstropfen ist das in der Ferne etwas unschön in den Himmel und das Meer ragende Kraftwerk.

Schöne Aussichten, kleine Dörfer und eine Kamikaze-Höhle

Am Ende des Strandes führt der gepflasterte Weg nun stetig bergauf, immer wieder mit fantastischen Ausblicken über das Meer. Am höchsten

Ö
ÖKOTOUR

Wer sich für alternative Energiegewinnung auf Lamma jenseits des Kohlekraftwerks interessiert, kann an interessanten, geführten Touren von Hongkong Electric teilnehmen. Allein auf Lamma bietet der Energiekonzern vier verschiedene **Ökotouren** an. Infos und Anmeldung unter www.hkelectric.com/en (oder noch genauer: www.hkelectric.com/en/corporate-social-responsibility/caring-for-our-community/green-education/greenhongkonggreen/ghkg-3).

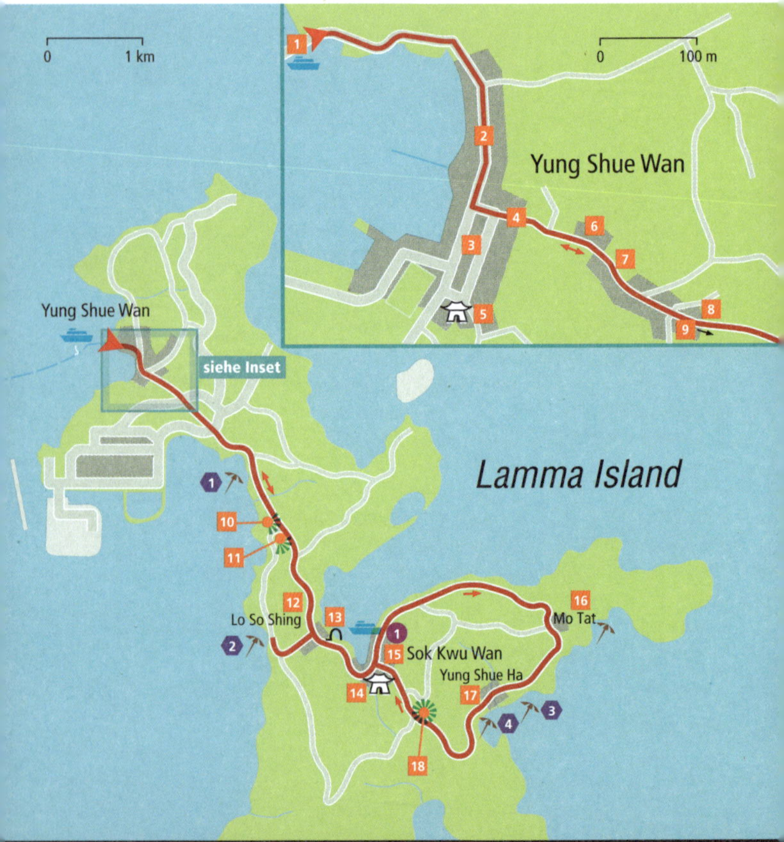

Cityplan: Karte 5, D 4–5 | **Fähre:** ab Outlying Ferry Pier 4 (alle 30 Min.) und von der Aberdeen Promenade (alle 1,5–2,5 Std.) nach Yung Shue Wan

www.lamma.com.hk: Website der ausländischen Gemeinde auf Lamma zu allem rund um das Leben auf der Insel.
An- und Abfahrt: Die **Fähren** zwischen Central Ferry Pier 4 und Yung Shue Wan auf Lamma fahren etwa alle 30–40 Min. (Fahrplan/Preise: www.hkkf.com.hk), Hinfahrt erste Fähre 6.30, letzte 0.30, Rückfahrt erste Fähre 6.20, letzte 23.30 Uhr. Die Fähren nach/von Sok Kwu Wan fahren seltener: Hinfahrt erste Fähre 7.20, letzte 23.30 Uhr, Rückfahrt erste Fähre 6.45, letzte 22.40 Uhr. Fährverbindungen ab Aberdeen: www.traways.com.hk.

KULINARISCHES FÜR ZWISCHENDRIN

In Yung Shue Wan und Sok Kwu Wan reihen sich zahlreiche Fischrestaurants am Ufer gleich bei den Fähranlegern aneinander. Besonders angenehm sind die Strandlokale am Hung Shing Yeh Beach, von denen man einen herrlichen Blick über den Strand genießt. Wer in Sok Kwu Wan auf die Fähre wartet, kann gleich am Anleger im **Loso Kitchen** 1 (G/F, 28 First St., T 29 82 86 23, www.lososhop.com, tgl. 11.30–19.30 Uhr, Gerichte ab 128 HK$) gemütlich einkehren.

Punkt des Weges liegt ein **Aussichtspunkt** 10 von dem aus sich eine herrliches Lamma-Panorama bietet. Kurze Zeit später fällt der Blick erstmals auf das tief unten liegende Sok Kwu Wan auf der anderen Seite der Insel. Bevor sich der Pfad nun hinunter in die Bucht windet, führt ein Seitenweg nach 150 m zu einem weiteren Aussichtspunkt an einem **Pavillon** 11.

Lo So Shing Village

Auf halber Strecke bergab kommen Sie an der ersten kleinen Ansiedlung auf der Ostseite der Insel vorbei, **Lo So Shing** 12. Am Ortseingang heißt es Augen auf: Hier nicht rechts ins Dorf hineingehen, sondern am ersten Haus scharf links abbiegen. Das Hinweisschild nach Sok Kwu Wan ist kaum lesbar, daher übersieht man es schnell.

Nur 30 Min. Fährfahrt von der Innenstadt entfernt scheint Lamma von der Moderne abgeschnitten zu sein. Auch das Leben der Hakka, die ab dem 17. Jh. nach Hongkong eingewandert sind, verläuft bis heute in traditionellen Bahnen.

Kamikaze-Höhle

Unten angekommen können Sie einen Abstecher zum **Lo Shing Beach** 2 machen. Oder aber Sie bleiben auf dem Weg und passieren als nächstes am Ostufer von Lamma eine Art Bergwerksstollen. Es handelt sich um eine von mehreren sogenannten **Kamikaze-Höhlen** 13, die von den Japanern im Zweiten Weltkrieg in den Berg getrieben wurden. Ihre Idee: Hier sollten Schnellboote versteckt werden, deren Besatzungen feindliche Schiffe mit Kamikazeangriffen zerstören sollten. Kurz dahinter führt der Weg um eine letzte Bucht und vorbei an einem **Tin Hau-Tempel** 14 in das Dörfchen **Sok Kwu Wan** 15.

UM DIE ECKE

Sie haben noch Puste? Dann könnten Sie nach einer kleinen Pause in Sok Kwu Wan dort der Uferfront nach Osten folgen. Schon kurz hinter dem Ort führt der Weg über steile, grüne Klippen bis zum winzigen Weiler **Mo Tat** 16 mit einer kleinen Badebucht. Von Mo Tat geht es nun nach Süden durch das Inselinnere, um dann bei **Yung Shue Ha** 17 zunächst auf die schöne und einsame Badebucht **Shek Pai Wan** 3 und anschließend auf die Bucht **Tung O Wan** 4 zu treffen, wo man ebenfalls schwimmen kann. Von hier führt der Rundweg wieder zurück an einem **Aussichtspavillon** 18 vorbei nach Sok Kwu Wan.

EINTRITTSKARTEN *in eine andere Welt …*

Hongkong bietet eine spannende Auswahl an Museen für Abenteuerlustige, Kulturfreaks, Geschichtsfans und LOHAs.

UND JETZT ENTSCHEIDEN SIE!

AO Vertical Art Space
Mo–Sa nach Voranmeldung
Eintritt frei

Treppenhäuser können ermüdend sein – dieses hier nicht. Zwischen der 3. und 13. Etage werden in diesem Treppenhaus eines Bürogebäudes über 100 Kunstwerke von 28 Künstlern der Galerie Asia One ausgestellt.

Karte 5, E 4, www.aovertical.com

JA NEIN

Flagstaff House Museum of Teaware
Mi–Mo 10–18 Uhr
Eintritt frei

Sie lieben Tee? Dann nix wie hin. Sie erfahren hier alles über die Geschichte des Tees seit der Tang-Zeit. Hier heißt es: »Lieber drei Tage ohne Essen, als einen Tag ohne Tee«.

C 10, http://hk.art.museum/en_US/web/ma/tea-ware.html

JA NEIN

Hong Kong Heritage Museum
Mo, Mi–Fr 10–18, Sa/So, Fei 10–19 Uhr
Sonderausstellungen 20/10 HK$, sonst Eintritt frei

Ob Kanton-Oper, klassische chinesische Kunst und Kunsthandwerk oder zeitgenössische Themen: Hier werden Geschichte, Kultur und Kunst in permanenten und wechselnden Ausstellungen spannend thematisiert.

Karte 5, D 3, www.heritagemuseum.gov.hk

JA NEIN

Hongkong Museum of History
Mo, Mi–Fr 10–18, Sa/So, Fei 10–19 Uhr
10/5 HK$, Mi frei

Geschichte ist langweilig? Nicht hier. Zu jedem Thema wurde ein altes Stück Hongkong aufgebaut, sodass die Besucher mitten durch die faszinierende Geschichte der Stadt von der Urzeit bis zur Gegenwart wandern.

F 6, http://hk.history.museum

JA NEIN

Hong Kong Maritime Museum

Mo–Fr 9.30–17.30, Sa/So, Fei 10–19 Uhr

30/15 HK$

Auf drei Decks wird die Geschichte der chinesischen Seefahrt lebendig. Highlight ist ein Simulator der Brücke eines Containerschiffs. Toller Blick vom Café 8 des Museums über den Victoria Harbour.

C 9, http://hkmaritimemuseum.org

JA NEIN

Hong Kong Science Museum

Mo–Mi, Fr 10–19, Sa/So, Fei 10–21 Uhr

20/10 HK$, Mi Eintritt frei

Hier werden auch Erwachsene zu Kindern. Technikmuseum zum Lernen, Anfassen, Ausprobieren: In einem Wellengenerator können Sie beobachten, wie Wellen entstehen und in einem Windgenerator einen echten Tornado.

F 6, http://hk.science.museum

JA NEIN

Jockey Club Creative Arts Centre

Tgl. 10–22 Uhr

Eintritt frei

Künstler haben es in der Stadt schwer, bezahlbare Ateliers zu finden. Der Hong Kong Jockey Club ließ daher ein neunstöckiges Lagerhaus renovieren und vermietet es preiswert an Kunstschaffende. Mehr Kunst geht nicht.

D 1, www.jccac.org.hk

JA NEIN

Oi!

Mo 14–20, Di–So 10–20 Uhr

Eintritt frei

Das Kunstzentrum befindet sich im 1908 erbauten Komplex des ehemaligen Klubhauses des Royal Hong Kong Yacht Club. Es gibt laufend neue Kunstprojekte lokaler Künstler.

H 8, www.lcsd.gov.hk/CE/Museum/APO/en_US/web/apo/about_oi.html

JA NEIN

Taikoo Place Artwalk

Tgl. 24 Std.

Eintritt Frei

Gemälde, Skulpturen, Graffiti und Installationen vom Feinsten. Das schönste: Sie werden für jedermann in den öffentlichen Räumen des Taikoo Place und Cityplaza ausgestellt.

Karte 5, E 4, www.taikooplace.com/en/Play/ArtCollection.aspx

JA NEIN

Hongkonger Museumslandschaft

Für eine Millionenstadt bietet Hongkong erstaunlich wenige **Museen.** Es sind gerade mal um die 20, die unter der Ägide des Leisure and Cultural Services Department stehen und noch einmal rund 40, die von den verschiedenen Distriktämtern oder einzelnen Ministerien betrieben werden.
Die bestehenden Museen sind dafür höchst aktiv und die Stadtverwaltung unternimmt viele Anstrengungen, Hongkongs Kultur mit zahllosen Events nach außen zu tragen und über die ganze Stadt verteilt für alle erlebbar zu machen. Ein interessanter Ansatz sind die verschiedenen **Heritage Walks.** Diese Spaziergänge können Sie alleine unternehmen oder Sie schließen sich einer Thementour wie der »Fengshui Tour« oder der »Traditional Lifestyles Tour« an, die von kompetenten Fachleuten geführt werden. Zahlreiche **Galerien** ergänzen das ›museale‹ Angebot in der Stadt.

INFORMATIONEN

Museumspass
Zu beliebig häufigem Besuch der vom Leisure and Cultural Services Department betriebenen Museen berechtigt der **Museumspass** (Website s. oben) den man in den Museen erstehen kann. Der Pass kostet für ein Jahr 50 HK$ (ermäßigt 25 HK$) bzw. 100 HK$ für Familien mit maximal vier Personen. Mit dem Pass gibt es 10 % Rabatt in Museumsläden und -cafés und weitere Rabatte für Sonderausstellungen oder bei einem Besuch vom Ocean Park und Disneyland.

Im Internet
www.museums.gov.hk/en_US/web/portal/home.html (Museen unter dem Leisure and Cultural Services Department, Museumspass), www.discoverhongkong.com/us/see-do/tours-walks/self-guided-walks/index.jsp (Infos/Pläne für die Heritage Walks), www.discoverhongkong.com/ca/see-do/tours-walks/guided-tours/living-culture/hong-kong-heritage-walk.jsp (Heritage-Walk-Führungen), www.hongkonggalleries.org/galleries.html (Galerien), /www.hkeld.com/articles/view/all-the-art-galleries-in-hong-kong (Galerien).

Yue Minjuns ›lachende Gesichter‹ sind auch in Hongkongs Museen eine Attraktion.

Hongkongs Tempel

▶

Was in Rom die Kirchen, sind in Hongkong die Tempel. Es gibt an die 70 wichtige und weit mehr nicht ganz so wichtige Tempel, die sich über das gesamte Stadtgebiet in Nischen und Ecken verstecken und die Sie quasi im Vorbeigehen besuchen können. Auch wenn Sie kein Tempelfreak sind, so lohnt doch die eine oder andere Anlage einen ausführlicheren Besuch.

431 Stufen zur Erleuchtung

10 000 Buddhas Temple

🕮 Karte 5, D 3

Der Weg zum 10 000 Buddhas Temple (Man Fat Sze) führt über 431 schweißtreibende Treppenstufen, die von den 500 *luohan* (Arhats), ebenfalls erleuchteten Schülern des Buddha, flankiert werden. Über 13 000 vergoldete Buddha-Figuren zieren die Wände der Haupthalle. In der Halle auf der folgenden Ebene bewachen die Vier Himmelskönige den daoistischen Jadekaiser – ein schönes Beispiel, wie in der Volksreligion religiöse Strömungen ineinanderfließen. Einen Blick wert ist auch die letzte Halle, in der sich in einer Glasvitrine der in Blattgold eingewickelte mumifizierte Körper des 1965 verstorbenen Klostergründers Yuet Kai befindet.

Verlängerung der Sheung Wo Che Rd., Sha Tin, New Territories, MTR: East Rail Line bis Sha Tin, Exit B, dann vom Ausgang nach links die Rampe runter Richtung Home Centre (IKEA), über die Straße, dann links in die Pau Tai St. und rechts in die Sheung Wo Che Road. Am Ende der Sackgasse führt links der Weg zum Tempel hoch, tgl. 9–17.30 Uhr, Eintritt frei

Wunderwerk aus Holz

Chi Lin Nunnery 🕮 Karte 5, E 3

Das 1934 gegründete buddhistische Kloster (Abb. S. 13) wurde in den 1990er-Jahren im Stil der Tang-Zeit aus rund 95 000 Holzteilen gemäß Feng-shui-Regeln und nach dem Prinzip ›eine Hofanlage, drei Innenhöfe, drei Türen‹ neu errichtet. Der erste Hof bildet den Eingangsbereich und wird von der Halle der Himmelskönige abgeschlossen. Ihr folgt die Haupthalle mit einer Buddha-Skulptur im zweiten Hof. Der dritte Hof ist für Besucher nicht zugänglich. Neben dem Tempel breitet sich der malerische Nan Lian Garden (▶ S. 85) aus.

5 Chi Lin Drive, Diamond Hill, MTR: Kwun Tung Line bis Diamond Hill, Exit C2, tgl. 9–16.30 Uhr, Eintritt frei

Daoistisches Refugium

Ching Chung Koon Monastery

🕮 Karte 5, B 2

Das daoistische Ching-Chung-Koon-Kloster (Kloster der Immergrünen Kiefer) aus dem Jahr 1949 ist dem Unsterblichen Lu Sum Young (Lü Dongbin), der beliebtesten Gottheit der Acht Unsterblichen, geweiht. In den Hallen werden Kunstschätze, darunter riesige chinesische Laternen, ausgestellt. Außerdem verfügt das Kloster über eine reizvolle Sammlung an Bonsais, einen herrlichen traditionellen Garten und ein vegetarisches Restaurant.

Tsing Chung Path, Tsing Chung Koon Rd., Tuen Mun, New Territories, LR 505 ab MTR-Station Siu Hong oder LR 615 ab Tsing Shan Tsuen bis Ching Chung, tgl. 7–18 Uhr, Eintritt frei

Tempel mit Aussicht

Tsing Shan Monastery

🕮 Karte 5, B 2

Der Tsing-Shan-Tempel am Hang des Castle Peak gilt als ältester Tempel der Stadt und gründet seinen Ruhm auf einen legendären Mönchen namens Puito (Beidu), der im 5. Jh. gelebt haben soll. Er besaß eine Tasse, die er ins Meer oder in Flüsse werfen konnte, um dann auf ihr das Gewässer zu überqueren.

L
LUOHAN

Luohan (Arhats) sind Heilige des Pali-Buddhismus und die Verkörperung des asketischen Mönchsideals. Die Luohan haben bereits auf dieser Erde das Nirvana in sich. Was sie von einem Buddha unterscheidet, ist die Quelle ihres Heilswissens. Der Heilige verdankt seine Leidensbefreiung der Unterweisung, der Ehrentitel Buddha bleibt demjenigen vorbehalten, der das Heil durch eigene Erkenntnis verwirklicht hat.

Entsprechend bedeutet auch der Name Puito ›Tassenfähre‹. Trotz dieses Mönchswunders geriet das Kloster im 19. Jh. in Vergessenheit und wurde zwischenzeitlich als daoistische Einsiedelei benutzt. 1918 wurde es wieder seiner ursprünglichen Bestimmung zugeführt. In weiteren Hallen werden Kwan Yin (Kwun Yum, Guanyin) und links von ihrem Tempel, in einer Höhle, Yue Lao, ein göttlicher Heiratsvermittler, verehrt. Interessant ist nicht nur der Tempel selbst, schön ist auch die Aussicht über Tuen Mun und das Meer.

Tsing Shan Monastery Path, Tun Mun, New Territories, http://eng.tsm.org.hk, LR 610, 615 ab MTR-Station Yuen Long bis Tsing Shan Tsuen, dann 30 Min. Fußweg, Mo–Fr 6–18 Uhr, Eintritt frei

Blühender Glaube

Wong Tai Sin Temple Karte 5, D 3

Dieser weitläufige Tempelkomplex ist ein eindrucksvolles Beispiel dafür, wie sich traditioneller Glaube im supermodernen Hongkong hält.

Die daoistische Gottheit Wong Tai Sin, ein mythischer Schafhirte, der von einem der sogenannten Acht Unsterblichen in die Heilkunst eingeweiht worden war, genießt unter der Hongkonger Bevölkerung eine besonders hohe Reputation für die Korrektheit seiner Vorhersagen und Ratschläge. Da man von ihm glaubt, dass er jeden Wunsch erfüllen kann, wird es besonders an Pferderenntagen im Tempel voll – dann brauchen die Glücksspieler Rat und Schutz, um ihre Wettbeträge gewinnbringend einzusetzen.

Besonders belagert werden naturgemäß die Wahrsager, die im lang gezogenen Gebäude gleich links neben dem Tempeleingang ihre Stände haben und mit wichtigen Diplomen ihre Erfolge verkünden. Einige sprechen übrigens Englisch: Sie sollten ruhig einmal den Versuch einer Weissagung wagen.

2 Chuk Yuen Village, Wong Tai Sin, Kowloon, MTR: Wong Tai Sin, Exit B3, Zugang über Lung Cheung Rd., www.siksikyuen.org.hk, tgl. 7–17.30 Uhr, Eintritt frei

10 000 Buddhas an der Wand scheinen etwas übertrieben. Doch die Zahl zeigt nur, dass die Lehre Buddhas allumfassend ist. Der Klang der Glocken soll bis in die tiefsten Höllenebenen dringen, um den dort gequälten Seelen Linderung zu spenden.

Wandern in Hongkong

Wandern in einer 7-Mio.-Einwohner-Metropole – klingt absurd, ist es aber nicht. Als die Engländer die Insel an sich rissen, dachten sie noch nicht an die Gründung einer Großstadt und eroberten in erster Linie einen Flecken Land voller Berge. So lässt es sich, umgeben von der Skyline der beiden Städte Hongkong auf der einen Seite und Shenzhen jenseits der Grenze, herrlich wandern.

Über den Drachenrücken

Auf dem Hong Kong Trail von To Tei Wan nach Tai Long Wan Karte 6

Der 50 km lange Hong Kong Trail windet sich über Hong Kong Island und bietet fabelhafte Ausblicke und Naturerlebnisse. Als schönster Abschnitt gilt die **8. Etappe** durch den Shek O Country Park, **Startpunkt** ist die Shek O Road gleich nördlich vom To Tei Wan Village. Durch einen Tunnel aus Bäumen und dichtem Unterholz erreichen Sie nach 20 Min. den ersten **Aussichtspunkt,** von dem aus sich eine herrlichen Ausblick über den Shek O Beach im Osten und zum Dragon's Back im Nordwesten bietet. Der Weg führt nun weiter zu einer Plattform auf dem 284 m hohen **Shek O Peak** (Panoramablick) und über den Höhenzug des **Dragon's Back** nach Norden zum nächsten Gipfel, dem **Wan Cham Shan** (265 m). Anschließend geht es Richtung Nordwesten zum **Mount Collison** (348 m), den Sie umgehen. Nördlich des Gipfels führt der Weg nach Osten auf die sogenannte **Pottinger Gap** zu. Von hier wandern Sie nach Südosten auf die Tai Long Wan zu, eine herrliche Badebucht und der ideale Ort, um sich in einem der Strandcafés von der Wanderung zu erholen.

Länge 8,5 km, Dauer ca. 4 Std.; Anfahrt: ab MTR-Station Shau Kei Wan, Exit A mit Bus 9 oder Minibus bis To Tei Wan/Shek O Road; Rückfahrt: Minibus von Tai Long Wan Village zur MTR-Station Shau Kei Wan. Beschilderung: Hong Kong Trail/Dragon's Back; feste Schuhe oder Wanderschuhe empfehlenswert, genügend Getränke und etwas Verpflegung für unterwegs mitnehmen

Mangroven, Dörfer und Natur

Plover Cove Country Park Karte 7

Die Wanderung durch den Plover Cove Country Park führt durch eine malerische Landschaft voller Bambushaine, Mangroven, vorbei an Bächen und durch alte Dörfer. **Startpunkt** ist Wu Kau Tang Village. Von hier führt der Wanderweg nach Osten durch eine Mangrovenlandschaft Richtung Sheung Ha Miu Tin. Über den Weiler **Ha Miu Tin** geht es immer Richtung Osten nach **Sam A Chung** mit einem Picknickplatz und schöner Aussicht auf die drei Inseln Wong Wan Chau, Ngo Mei Chau und Kat O. An der Küste entlang wandern Sie dann nach Norden bis **Sam A Tsuen,** wo es ein Teehaus (Snacks) gibt. Nach der Pause geht es auf dem **Lai Chi Wo Nature Trail** in nordwestlicher Richtung in etwa 45 Min. nach **Lai Chi Wo.** Eine Treppe im Dorf führt zu einem Aussichtpunkt. Vorbei am **Hok Shan Temple** und **Hip Tin Temple** gelangen Sie zum **Pier** und Endpunkt der Wanderung, wo an Sonn- und Feiertagen eine Fähre nach Ma Liu Shui fährt. Unter der Woche müssen Sie in 2,5 Std. von Lai Chi Wo Richtung Südwesten nach **Wu Kau Tang** wandern und dort mit dem Bus zur MTR-Station Tai Po Market fahren.

Länge 9,5 km, Dauer ca. 5 Std.; Anfahrt: ab MTR-Station Tai Po Market, Exit B mit Minibus 20R (alle 60–90 Min.) bis Wu Kau Tang Village / Chi Sum Rd.; Rückfahrt: Fähre von Lai Chi Wo So, Fei 15.30 Uhr nach Ma Liu Shui (90 Min.), dann 15 Min. Fußweg zur MTR-Station University; Vorsicht vor Hunden in den Dörfern; feste Schuhe empfehlenswert, Getränke und Verpflegung für unterwegs mitnehmen

Pause. Einfach mal abschalten

II

In Hongkong muss alles schnell gehen. Die Rolltreppen laufen deutlich schneller als anderswo, die U-Bahnen und Busse rasen in dichter Folge und Menschenmassen strömen in einem steten Strom zu ihren Arbeitsstätten, in die Shoppingzentren oder mittags zum Essen. Gar nicht so einfach, sich da auszuklinken – aber es geht.

Schauen, Staunen, Erholen

Hong Kong Park 🗺 C 10

Dort, wo sich früher die Baracken der Generalität reihten, breitet sich heute auf 10 ha Hongkongs größter Park aus. Aus dem Wohnsitz des stellvertretenden Kommandeurs, dem **Rawlinson House,** wurde ein Standesamt, und so sieht man vor allem an Wochenenden viele frisch getraute Paare, die sich vor der grünen Kulisse fotografieren lassen. Hauptattraktion des Parks ist das große **Edward Youde Aviary,** das auf 3000 m² eine tropische Landschaft nachstellt und 600 überaus bunte Vögel in 70 Arten aus Südostasien beherbergt. Bewegend ist der **Tai Chi Garden** mit Skulpturen der Ärzte und Schwestern, die 2003 beim Kampf gegen SARS starben. Sehenswert ist auch das **Hong Kong Visual Arts Centre,** ein Kunstzentrum mit Ausstellungen moderner Kunst, und das **Flagstaff House** (► S. 78).

Cotton Tree Drive und Kennedy Rd., Central, MTR: Island oder Tsuen Wan Line bis Admiralty, Exit B, Außenanlagen tgl. 6–23, Vogel- und Gewächshaus 9–17, jeden Mi 8–10 Uhr kostenlose Führung durch die Hong Kong Bird Watching Society (T 25 21 50 59)

> Ü ÜBRIGENS
>
> Am 6. Juli 1998 hob das letzte Flugzeug vom innerstädtischen Kai Tak Airport ab. Dann wurde es für lange Zeit still, bis 2013 der riesige Kreuzfahrtterminal (www.kaitakcruiseterminal.com.hk) und dahinter der **Kai Tak Runway Park** (🗺 Karte 5, E 4) ganz am Ende der Start- und Landebahn fertig wurden. Hier können Sie, umgeben vom Wasser der Kowloon Bay und fern vom Stadtlärm, die Skyline von Hong Kong und Kowloon bewundern.
>
> 33 Shing Fung Rd., MTR: Kwun Tong Line bis Ngau Tau Kok, Exit A, dort rechts und gleich wieder rechts zur Straße runter, dort weiter mit Bus 5 R (Mo–Fr 11–16, Sa/So 11–19 Uhr) bis Endstation, tgl. 7–23 Uhr, Eintritt frei

Klassische Eleganz

Kowloon Walled City Park 🗺 G–H 1

Der 2,5 ha große Park bietet eine gute Einführung in die chinesische Gartenbaukunst. Für den gebildeten Mandarin stellte sein Garten stets auch eine unerschöpfliche Quelle der Inspiration dar. Aus diesem Grund findet man überall Kalligrafien und wie Gemäldeausschnitte gestaltete Fenster oder Tore, die das Kunstwerk vervollständigen. Auch jedem anderen Gestaltungselement kam eine spezifische Bedeutung zu, nichts war Zufall, den es nach herrschender konfuzianischer Ideologie nicht geben durfte, um die Harmonie im Lauf der Welt nicht durcheinanderzubringen.

Tatsächlich zeigt ein chinesischer Garten nicht die reale Natur, sondern ein im konfuzianischen und daoistischen Sinne für ideal gehaltenes Abbild der Natur oder aber ein Ideal, das zu erreichen ihre Besitzer anstreben.

Doch Mauern und Gebäude haben im Kowloon Walled City Park noch eine

weitere Symbolik: Sie stehen für eines der einstmals merkwürdigsten Gebilde der Stadt, die ›Ummauerte Stadt‹, die Walled City. Noch in den 1980er-Jahren lebten über 30 000 Menschen in den sonnenlosen Gassen, die so schmal waren, dass kaum ein Fahrrad hindurchpasste. Nach dem Abriss 1993 wurde der Park im Stil der Gärten des Unteren Yangzi aus der Mitte des 17. Jh. gestaltet.
Einzig erhaltenes Gebäude aus der Qing-Zeit ist der alte **Yamen,** der Sitz der früheren Lokalbehörde der Walled City. Wie durch ein Wunder hat der Yamen die Entstehung der ihn heute umgebenden Hochhäuser überlebt, fiel nicht der Abrissbirne zum Opfer. In seinen Räumen wird eine **Ausstellung** zu dem verschwundenen alten Stadtviertel gezeigt. Vor dem Gebäude steht eine **Skulptur,** die die seinerzeit monströsen Dimensionen dieses Molochs erahnen lässt.

Zugang über Carpenter, Tung Tau Tsuen oder Tung Tsing Rd., Bus 1 ab Star Ferry oder 11K ab Bahnhof Hung Hom, tgl. 6.30–23, Ausstellung im Yamen Do–Di 10–18 Uhr, Eintritt frei

Perfektes Fengshui

Nan Lian Garden 🕮 Karte 5, E 3
Der herrliche 3,5 ha große Garten gleich in der Nachbarschaft des Chi Lin Nunnery (▶ S. 81) wurde im Stil eines klassischen Gartens der Tang-Dynastie angelegt. In jener Zeit feierte die Architektur der privaten Gärten ihre erste Blütezeit. Seit damals dienten Gärten den Gelehrten als Rückzugsorte, um dort in einer künstlich geschaffenen, bukolischen Umgebung, wie sie in der Poesie der Tang-Zeit Mode war, zu leben. Jeder Hügel, Felsen, jedes Gewässer, jede Pflanze und jeder Strauch sind nach speziellen Regeln und Methoden angelegt worden. Auf dem Areal gibt es zudem **Ausstellungen** zur chinesischen Holzarchitektur, Felsen und Topfpflanzen sowie ein Teehaus, um abzuschalten.

60 Fung Tak Rd., Diamond Hill, Kowloon, www.nanliangarden.org, MTR: Kwun Tong Line bis Diamond Hill, Exit C2, Garten tgl. 7–21, Teehaus tgl. 12–19 Uhr, Eintritt frei

Er heißt wirklich so: ›Pavillon der Absoluten Perfektion‹. So viel Schönheit gibt es nur im Nan Lian Garden.

Mini-Kreuzfahrt

Star Ferry 🕮 C 9, D 7/8
Die kleine Auszeit auf der Star Ferry können und sollten Sie sich immer dann gönnen, wenn Sie ›die Seiten wechseln‹, nämlich zwischen Hong Kong Island und Tsim Sha Tsui – oder einfach nur so. Die Überfahrt mit der seit 1888 hin- und her pendelnden Fähre bietet ein wenig Nostalgie und Langsamkeit in der allgegenwärtigen Hektik. Ganz nebenbei genießt man bei einer kühlen Brise jedesmal die großartige Skyline der Stadt. Alternativ gibt es auch einstündige Rundfahrten, die Sie direkt an den Anlegern buchen können. Besonders schön ist eine Fahrt nach Einbruch der Dunkelheit, wenn die Wolkenkratzer bunt angestrahlt werden.

Tsim Sha Tsui Star Ferry Pier oder Central Pier 7, www.starferry.com.hk, MTR: Tsuen Wan Line bis Tsim Sha Tsui, Exit J6 oder Central, Exit A, Island Line bis Central, Exit A, Tung Chung Line bis Hong Kong, Exit A2, reguläre Fahrt Mo–Fr 1./2. Kl. 2/2,50 HK$, Sa/So 3,40/2,80 HK$, Hafenrundfahrt (ab Tsim Sha Tsui/Central) 11.55/12.15–17.55/17.15 Uhr stdl., 100 HK$, Abendtour 18.55, 20.55/20.15 Uhr, 180 HK$, Symphony of Lights 19.55/19.15 Uhr, 205 HK$

Zimmer gibt es wie Sand am Meer ...

... Besucher aber auch, und Hongkongs Hotels erfreuen sich einer der weltweit höchsten Auslastungsquoten. Man ahnt es schon, die Übernachtungspreise sind recht hoch, und wer preiswert wohnen will oder muss, wird angesichts der Zimmerqualität manchmal schwer schlucken.

Preiswert hat in Hongkong nämlich so seine Tücken: »Window possible« ist ein kleiner, aber bedeutender Zusatz bei den Hotelbeschreibungen der Onlineportale. Fehlt er, haben die oft winzigen Zimmerchen schlicht keine Fenster. Die Enge kann dann sehr bedrückend werden. Bei der Option mit Fenster sieht das Zimmer genauso aus, aber über den Aufpreis erwerben Sie immerhin die Chance auf ein Fenster: Man achte auf die Feinheiten: »Possible« bedeutet eben wirklich nur ›vielleicht‹.

Airbnb und Co. sind auch in Hongkong hip, doch auf Familienanschluss sollten Sie nicht setzen. Zimmervermietung ist hier ein Geschäft und die Zimmer auf den Fotos oft ziemlich aufgehübscht.

Alle großen und kleinen Ketten sind in Hongkong vertreten. Die Zimmer sind oft kleiner als anderswo auf der Welt, aber der Standard stimmt. Die Atmosphäre allerdings weniger. Optisch fallen fast alle Hotels nur durch ihre Einfömigkeit auf, sodass es Geschmackssache ist, wo man übernachtet. Mittelklassehotels können schick, aber auch fürchterlich verwohnt sein. Dies und der Standort sind dann meist die einzigen Kriterien für die Entscheidung.

Diesen Service hätte jeder gerne: Hereinspaziert!

ZUM SELBST ENTDECKEN

Urlaub von der Stadt? Wer nicht mittendrin im Trubel wohnen möchte, findet in den **New Territories** viele sehr gute und auf den Inseln eine Reihe preiswerter und schöner Unterkünfte in meist wunderschöner Umgebung. Hotels in den New Territories bieten in der Regel kostenlose Shuttlebusse in die Stadt.

Die Unterkünfte auf den **Outlying Islands** liegen meist in der Nähe der Fähranleger. Abends heißt das: Füße hoch und Urlaub vom Urlaub in der Stadt.

Gute **Websites** zum Stöbern, Finden und Buchen von Hotels in ganz Hongkong sind www.ctrip.com, www.hotel-hong-kong.com, www.hotel.hk, www.hk-hotel.com, www.hong-kong-hotels-network.com und www.hostelworld.com.

Zimmer mit Aussicht
Hotel Jen ⌂ Karte 5, D 4
Zugegeben, das Hotel ist ein wenig in die Jahre gekommen, aber der Preis für dieses Vier-Sterne-Hotel ist unschlagbar, die Zimmer sind hell und geräumig und die etwas teureren Hafenblickzimmer bieten einen fantastischen Ausblick auf den Victoria Harbour. Das Beste aber ist der Pool oben auf dem Dach in der 28. Etage: Baden mit Aussicht.
508 Queen's Rd. West, Western District, T 29 74 12 34, www.hoteljen.com, MTR: Island Line bis Hongkong University, Exit B2, 283 Zi., DZ ab 716 HK$

Am Puls der Stadt
YMCA of Hong Kong (The Salisbury) ⌂ E 7
Die Lage könnte nicht besser sein, aber die Architektur ist schrecklich fantasielos: Jedes Mal, wenn ich das Hotel betrete, habe ich das Gefühl, in eine Badeanstalt zu kommen (die gibt es hier auch – für Mitglieder). Sei's drum: Die Zimmer sind geräumig, der Service ist gut und der Preis angesichts der Lage neben dem luxuriösen Peninsula konkurrenzlos.
41 Salisbury Rd., Tsim Sha Tsui, T 22 68 70 00, www.ymcahk.org.hk, MTR: Tsuen Wan Line bis Tsim Sha Tsui oder East Rail Line bis East Tsim Sha Tsui, beide Exit L4 oder J6, alternativ: Star Ferry nach Tsim Sha Tsui, 372 Zi., DZ ab 1020 HK$, Schlafsaalbett im Vierbettzimmer 360 HK$

Abseits vom Trubel
Garden View International House
⌂ B 11
Unspektakuläres, aber ordentliches Hotel der YWCA (Young Woman's Christian Association) gegenüber von Zoo und Botanischem Garten an der Grenze zwischen Central und Mid Levels gelegen. Das Hotel ist empfehlenswert, wenn Sie nicht mitten im Stadttrubel wohnen wollen oder aber die Mid Levels und den Peak ausgiebig erkunden möchten.
1 MacDonnell Rd., Mid Levels, T 28 77 37 37, www.yhk.com.hk, www.ywcathegardenview hotelhongkong.com, Bus 12A ab Tamar St. / Lippo Centre bis YWCA/McDonnell Rd., 142 Zi., DZ ab 540 HK$

In den Mid Levels
Bishop Lei International House
⌂ Karte 3, B 10
Hoch über dem Zoo und der römisch-katholischen Kathedrale bietet das moderne Budgethotel einfache, zweckmäßig eingerichtete Zimmer. Seine Position am Hang mit Blick über Hongkong ist perfekt, wenn sie die spannenden Viertel der Mid Levels erkunden möchten, und der Central Escalator für den Weg in die ›Unterstadt‹ befindet sich auch in Laufweite.
4 Robinson Rd., Mid Levels, T 28 68 08 28, www.bishopleihtl.com.hk, Bus 12 ab Central Ferry Pier oder 12M ab Admiralty / Tamar St. bis Robinson Rd., 227 Zi., DZ ab 504 HK$

Mitten im Leben
Goodrich Hotel ⌂ E 5
Von außen wirkt dieses Hotel nicht gerade einladend, aber die kleinen Zimmer sind preiswert, sauber und ordentlich und die Lage in einer der interessantesten Gegenden Kowloons gleich beim Temple Street Market ist hervorragend. Gute Wahl für alle, die keinen Luxus brauchen und Wert auf eine spannende Umgebung legen.
92–94 Woo Sung St., Yau Ma Tei, T 27 80 42 22, http://goodrichhotel.com.hk, MTR: Tsuen Wan Line bis Jordan, Exit A, 56 Zi., DZ Aktionspreis ab 330 HK$, sonst ab 490 HK$

Modern, schön, preiswert
iclub Fortress Hill Hotel ⌂ H 9
Die iclub-Hotels möchten superschickes Ambiente und perfekten Service für wenig Geld anbieten. Das gelingt ihnen und beweist, dass auch in Hongkong ein klein wenig Luxus nicht viel kosten muss. Viel Glas, eine helle, freundliche Einrichtung und viele Spiegel lassen die eher kleinen Zimmer sehr viel größer erscheinen, als sie tatsächlich sind.
18 Merlin St., North Point, T 39 63 63 00, www.iclub-hotels.com, MTR: Island Line bis Fortress Hill, Exit A, 338 Zi., DZ ab 529 HK$

Schlichter Schick
The Charter House Hotel ⌂ F 10
Von außen eher unscheinbares Boutiquehotel, dem man seine Klasse

So schön lässt es sich in Hongkong wohnen. Nach Hause kommen, Schuhe ausziehen und von der Galerie das tropische Ambiente Lantaus genießen. Fehlt nur noch der Butler mit dem Drink …

an der Rezeption noch nicht ansieht. Die kleinen Zimmer bewegen sich auf dem Niveau eines Vier-Sterne-Hauses und der Service ist perfekt. Trotz seiner versteckten Lage befindet sich das Hotel in Laufweite zu den Einkaufszentren von Causeway Bay und Wan Chai.

209–219 Wan Chai Rd., Wan Chai, T 28 33 55 66, http://hongkonghotel.charterhouse.com/eng, MTR: Island Line bis Causeway Bay, Exit A, oder Tram in Richtung Happy Valley bis Tin Lok Lane, DZ ab 598 HK$ (am Wochenende 770 HK$)

Design aus Italien

99 Bonham Karte 2

Der italienische Designerbüro Antonio Citterio Patricia Viel & Partners hat dieses wunderbare Boutiquehotel geplant und eindrucksvoll gezeigt, dass auch auf engstem Raum große, helle Zimmer machbar sind. Alle Suiten sind supermodern eingerichtet und bieten eine fantastische Aussicht aus großen, die gesamte Außenfront einnehmenden Fenstern.

99 Bonham Strand, Sheung Wan, T 39 40 11 11, www.99bonham.com, MTR: Island Line bis Sheung Wan, Exit A2, 84 Zi., DZ ab 1288 HK$

Für Pfennigfuchser

Yes Inn@YMT E 5/6

Die Zimmer von Yes Inn, ein Unternehmen, das mehrere Hostels gleichen Namens in der ganzen Stadt betreibt, sind mit etwa 8 m² zwar auch nicht größer als die anderer Hostels, aber sie sind wesentlich geschmackvoller und moderner eingerichtet und die meisten bieten auch ein Fenster. Die DZ sind allerdings nur während der Hauptsaison halbwegs günstig, wenn alle anderen Hotels ihre Preise in astronomische Höhen schrauben. Lohnend sind dagegen die hellen, freundlichen Schlafsäle für Budgetreisende. Gute Lage am Temple Street Market.

10/F-13/F, 15/F-23/F, 1B Wing Sing Lane, Kowloon, T 27 71 80 88, www.yesinn.com/ymt/eindex.htm, MTR: Tsuen Wan Line bis Yau Ma Tei, Exit C, 75 Zi., DZ ab 427 HK$, Schlafsaalbett ab 168 HK$

Nostalgischer Charme

Hotel Madera Hong Kong E 5

Die Zimmer dieses Boutiquehotels, darunter auch für Allergiker geeignete, sind zwar etwas altbacken eingerichtet,

aber dafür ist das Hotelambiente an sich interessant: Eine Memory Lane stellt das Hongkong der 1960- und 1970er-Jahre nach und ein echtes Highlight ist die Bar auf der Dachterrasse, von der aus Sie bei einem Cocktail einen herrlichen Rundumblick über die Stadt genießen können.
1 Cheong Lok St., Jordan, T 21 21 98 88, www.maderagroup.com/hotel_madera/, MTR: Tsuen Wan Line bis Jordan, Exit B1, 88 Zi., DZ ab 790 HK$

Jung, trendig und modern
Ovolo Southside Karte 5, D 4
Supercooles Boutiquehotel in einem umgebauten Lagerhaus. Die zugegebenermaßen nicht ganz taufrische Umgebung erinnert noch an das frühere Industriegebiet, aber die Ausstattung des Hotels und die hellen und kunstvoll eingerichteten Zimmer lassen keine Wünsche offen. Das Personal ist nicht nur gut drauf, sondern auch superfreundlich. Tolles Preis-Leistungs-Verhältnis.
64 Wong Chuk Hang Rd., Aberdeen, MTR: South Island Line bis Wong Chuk Hang, Exit A, 162 Zi., DZ ab 550 HK$

Nicht nur für Junggebliebene
YHA Mei Ho House Youth Hostel
C 1
Untergebracht im letzten erhaltenen sogenannten H-shaped Mark I Residential Block, H-förmige Bauwerke, die in den 1950er-Jahren der Unterbringung obdachlos gewordener Familen dienten, bietet die moderne Jugendherberge sehr helle und geräumige Zimmer im Retroschick, Familienzimmer, Schlafsäle und ein Museum zur Geschichte des Bezirks.
Block 41, 70 Berwick St., Shek Kip Mei Estate, Sham Shui Po, T 37 28 35 00, www.yha.org.hk/en/hostel/yha-mei-ho-house-youth-hostel, MTR: Tsuen Wan Line bis Sham Shui Po, Exit B2, 129 Zi., DZ ab 644 HK$, Schlafsaalbett ab 349 HK$

Rückzugsoase
Hong Kong Heritage Lodge
Karte 5, D 3
Günstige Lage geht anders, dafür bietet diese luxuriöse Lodge in der alten Jao Tsung-I Academy, einem ehemaligen Krankenhaus aus dem frühen 20. Jh. inmitten einer großen Parkanlage, herrlich große Zimmer, die teilweise in einer Mischung aus traditionellem chinesischen Stil und modernem Design ausgestattet sind. Die Lodge ist ein herrlicher Rückzugsort, wenn Sie abends der Hektik der Stadt entfliehen möchten. Sehr gutes Preis-Leistungs-Verhältnis.
800 Castle Peak Rd., Tsuen Wan, T 21 00 28 88, www.heritagelodgehk.com/en, MTR: Tsuen Wan Line bis Mei Foo, Exit B, dann 8 Min. Fußweg, 89 Zi., DZ ab 575 HK$

Genial kolonial
Tai O Heritage Hotel Karte 5, A 4
Das vielleicht schönste Hotel Hongkongs liegt zwar weit ab vom Schuss, aber noch besser lässt sich ein Kurzurlaub nicht mit einem Städtetrip verbinden. Untergebracht in der alten, 1902 erbauten Polizeiwache von Tai O, können Sie sich in fantastischer Umgebung dem kolonialen Flair des frühen Hongkong hingeben.
Shek Tsai Po St., Tai O, Lantau Island, T 29 85 80 08, www.taioheritagehotel.com, MTR: Tung Chung Line bis Tung Chung, dann Bus 11 bis Tai O, von dort Jetboat Shuttle (2 Min.) zum Hotel, 9 Zi., DZ ab 1335 HK$

Livrierter Service, einfach schöööön!

Wohnen am Strand
bnb Karte 5, C 5
Freundliches, ruhiges B&B gleich am Tung Wan Beach von Cheung Chau. Dank häufiger Fährverbindungen ein idealer Ort, um die Besichtigung Hongkongs mit einem kleinen Strandurlaub zu verbinden. Die Zimmer sind groß und hell, wenn auch ein wenig altmodisch eingerichtet.
12–14 Tung Wan Rd., Cheung Chau, T 29 86 99 90, www.ibnb.com.hk, Fähre ab Central Ferry Pier 5 nach Cheung Chau, 32 Zi., DZ ab 733 HK$

Stellen Sie sich an ...

Die Engländer mögen das Schlangestehen an Haltestellen erfunden haben, aber sich bei glühender Hitze vor einem Restaurant in eine Warteschlange einzureihen, das ist eine Leidenschaft der Hongkonger und je länger die Schlange, desto besser muss das Lokal doch sein ...?

Ob solche Restaurants wirklich besser sind, sei dahingestellt, aber die Hongkonger haben stets das Gefühl etwas Neues zu verpassen, wenn sie sich nicht anstellen, und das gilt beileibe nicht nur für schicke Restaurants, sondern auch für Burgerbrätereien, die ihre Hamburger besonders fotogen präsentieren, oder für Nudelshops mit der ultimativen Nudelsuppe.

Überhaupt ist Street Food gerade der große Renner in der Stadt und selbst namhafte Restaurants haben sich dem Trend angeschlossen und bieten Premium Street Food für Genießer vor Ort an.

Andere Küchenchefs betten ihre Restaurants in geheimnisvolle Entstehungslegenden ein. Die Hongkonger lieben diese Geschichten und das Gefühl, Teil dieser Erfolgsstory zu sein.

Eine Wiedergeburt haben sogenannte *private kitchens* (▸ S. 4) erlebt. Diese Privatküchen stehen in keinem Restaurantführer, die Adresse gibt es erst nach Buchung des Tisches und ihre Existenz verbreitet sich per Mundpropaganda.

Auch Vegetarier und Freunde nachhaltiger Küche dürfen sich freuen: Vegan, vegetarisch und bio sind in die Gourmetetagen eingezogen und überraschen mit leckeren und innovativen Kreationen.

Da kommt Freude auf! In jedem Dämpfer versteckt sich eine kleine Dim-Sum-Überraschung.

ZUM SELBST ENTDECKEN

Echtes Hongkong-Ambiente können Sie in den Straßen von **Causeway Bay** erleben. Jardine's Bazaar, Tang Lung und Matheson Street sind hier bekannt für preiswerte Speiselokale. In den großen Einkaufszentren finden Sie darüber hinaus viele gute und gemütliche Restaurants.

Dicht an dicht reihen sich trendige Restaurants in **Lan Kwai Fong** und im angrenzenden **SoHo** auf Hong Kong Island aneinander. Hier speisen Sie am Puls der Stadt.

Tsim Sha Tsui ist das Viertel mit der höchsten Konzentration an Restaurants jeglicher Art in Kowloon. Viele der Top-Restaurants bieten einen atemberaubenden Hafen- und Skylineblick. Das Angebot reicht von internationaler Küche bis hin zu lokalen chinesischen Spezialitäten.

SO BEGINNT EIN GUTER TAG IN HONGKONG

Frühstücken wie Gott in Frankreich

Le Salon de Thé C 6

Ganz ehrlich, frühstücken geht auch billiger, aber dafür nirgendwo sonst so stilvoll. Das etwas dekadente Ambiente in üppigem Rot und Schwarz ist ideal, um einen faulen Tag in Hongkong zu beginnen, anschließend ein wenig zu shoppen und dann vielleicht noch ein Museum anzuschauen. Absolut himmlisch: die Crêpe-Variationen (ab 108 HK$).

Shop 1020B, First Level Elements, 1 Austin Rd. West, Kowloon, T 23 51 66 78, www.robuchon.hk, MTR: Tung Chong Line bis Kowloon, Exit C1, Küche tgl. 11–22, Frühstück Mo–Fr 8–11, Sa/So, Fei 8–12, Afternoon Tea ab 15 Uhr, Backwaren ab 18 HK$, Afternoon Tea ab 280 HK$

Rom meets New York

Linguini Fini B 10

Ultracooles Restaurant im Fabrikdesign und mit offener Straßenfront. Hier trifft italienische Gastfreundschaft auf New Yorker Geselligkeit und es fällt schwer, nach dem Frühstück nicht gleich noch ein Mittagessen mit köstlichen Pastagerichten aus Biozutaten anzuschließen.

G/F, 49 Elgin St., Central, T 23 87 63 38, www.linguinifini.com/en, MTR: Island oder Tsuen Wan Line bis Central, Exit C, dann Central Escalator bis Elgin St., tgl. 8–22.30, Frühstück tgl. 8–12 Uhr, Frühstück ab 49 HK$

Nudelshop modern

Noodle Lah Karte 2

Keine Angst, Sie müssen keine, dürfen aber Nudeln frühstücken. Der Hongkonger Nudelshop präsentiert sich im coolen 1950er-Jahre-Kantinenschick und ist ein schöner Ort, um das erwachende und draußen vor der offenen Straßenfront vorbeieilende Hongkong zu beobachten und sich dabei über seinen Urlaub zu freuen.

G/F, The Wellington, 198 Wellington St., Central, T 31 05 02 88, www.noodlelah.com, MTR: Island Line bis Sheung Wan, Exit E2, tgl. 7.30–22, Frühstück tgl. 7.30–11 Uhr, Frühstück ab 36 HK$

Zuschauen, freuen, genießen: In den Garküchen wird stets lecker gekocht.

Chinesisches Morgenvergnügen

Luk Yu Teahouse Karte 3, B 9

»Leben ist eine Kunst und die Kunst des Teetrinkens ist sein wesentlicher Bestandteil«, heißt es in China. Aber wundern Sie sich nicht, Tee wird in Südchina so ganz anders genossen, als man es von der britischen *tea time* her kennt. Einen ungeschminkten Einblick in die südchinesische Philosophie des Teetrinkens vermittelt ein Besuch des traditionsreichen Luk Yu Teahouse, wo Sie morgens auch noch den typischen kantonesischen *yum cha*, den laut-fröhlichen chinesischen *morning tea* mit köstlichen *dim sum*, erleben.

24–26 Stanley St., Central, T 25 23 54 63, MTR: Island oder Tsuen Wan Line bis Central, Exit D2, tgl. 7–22 Uhr, Menüs ab 200 HK$

Ein Himmel für Veganer

LN Fortunate Coffee Karte 2

Das Café-Restaurant gibt sich gemütlich, modern und freundlich. Und dass man gut auf *bacon and egg* zum Frühstück verzichten kann, beweist die umfangreiche Speisekarte, die eine leckere Bandbreite westlicher und chinesischer veganer Gerichte listet. Gute Auswahl an vegan zubereiteten Kaffeesorten.

Hongkongs Köche sind im Dauerstress. Dennoch herrscht bei der Arbeit stets gute Laune, schließlich ist die gläserne Küche ja auch gute Werbung fürs Lokal.

G/F, 118 Second St., Sai Ying Pun, T 28 58 38 98, MTR: Island Line bis Sai Ying Pun, Exit B2, tgl. 9–22 Uhr, Gerichte ab 38 HK$

WO ESSEN AUF NACHHALTIGKEIT TRIFFT

Vegetarisch, sexy, cool

Vanimal Karte 5, D 4
Kann vegetarische Küche sexy sein? Sie kann. Das im Industriedesign eingerichtete Vanimal – Markenzeichen ist ein stilisierter Dinosaurier – zaubert wunderbar zubereitete und optisch ansprechend präsentierte vegetarische Gerichte voller Geschmack und Fantasie auf die Tische seiner Gäste. Dazu genießt man ein Craft-Bier oder einen leckeren Vanimal-Cocktail.

Shop 1, Cadogan, 150 Belcher's St., Kennedy Town, T 39 02 39 02, www.vanimal.com, MTR: Island Line bis Kennedy Town, Exit C, Mo, Mi–Fr 12–14.30, 17–24, Sa/So 12–15, 17–23 Uhr, Gerichte ab 68 HK$

Der Duft des Orients

Maison Libanaise Karte 3, B 10
In den 1960er-Jahren galt Beirut als das ›Paris des Ostens‹ und genau diesem Gefühl spürt man hier nach. Auf drei Etagen (unten Street Food, Mitte Restaurant und oben Dachterrasse) wird ein aromatisch duftendes Potpourri libanesischer Küche aus Bio-Produkten serviert. Köstlich sind auch die orientalisch duftenden vegetarischen Gerichte wie der überbackene Blumenkohl – die Spezialität des Hauses.

10 Shelley St., Central, T 21 11 22 84, www.maisonlibanaise.com.hk, MTR: Island oder Tsuen Wan Line bis Central, Exit C, dann Central Escalator bis Staunton St., So–Do 11–23, Fr/Sa 11–24 Uhr, Gerichte ab 48 HK$

Balance für Geist und Körper

HOME – Eat to Live Karte 3, B 9
Gemütlich und modern, so geht vegetarisch und nachhaltig heute: Ob Burger, Wraps, Salate oder reich belegte Fladenbrote, alle Zutaten sind vegan oder vegetarisch und stammen aus nachhaltiger, regionaler Landwirtschaft. Zahlreiche Gerichte tragen die Namen vom Aussterben bedrohter Tierarten. Unbedingt probieren: Northern White Rhino Combo oder Siberian Tiger Earth Bowl. Auch sehr gutes Frühstücksangebot.

Shop G01 & 101, Nexxus Bldg., 77 Des Voeux Rd. C, Central, T 27 77 47 77, www.homerestauranthk.com, MTR: Island oder Tsuen Wan Line bis Central, Exit B, Mo–Fr 8–22, Sa/So 10–22 Uhr, Gerichte ab 68 HK$

Nachhaltigkeit trifft Innovation

Grassroots Pantry Karte 2

Das minimalistische und dennoch sehr gemütliche Ambiente soll die Sinne ganz auf die liebevoll und kreativ präsentierten vegetarischen Gerichte – viele davon mit japanischem und indischem Einschlag – lenken. Alle Zutaten sind 100 % bio und stammen überwiegend aus der Region. Großes Frühstücksangebot.

108 Hollywood Rd., Sheung Wan, T 28 73 33 53, www.grassrootspantry.com, MTR: Island Line bis Sheung Wan, Exit A2, tgl. 9–15, 18–23, Frühstück 9–11 Uhr, Gerichte ab 80 HK$

Buddhas Küche

Pure Veggie House Karte 3, B 10

Das einzigartige buddhistisch-vegetarische Restaurant bietet nicht nur ein meditatives und ansprechendes Ambiente, sondern dazu eine unglaubliche Auswahl an vegetarischen und veganen chinesischen Gerichten. Deren Zutaten stammen allesamt aus nachhaltiger Landwirtschaft, der vom Restaurant betriebenen Kang Zhi Yuan Ecological Farm. Zu den kulinarischen Highlights zählen die veganen *dim sum* und der vegetarische Feuertopf.

3/F, Coda Plaza, 51 Garden Rd., Central, T 25 25 05 52, http://topstandard.com.hk/en, MTR: Island oder Tsuen Wan Line bis Central, Exit J2, tgl. 11–22.30 Uhr, Gerichte ab 58 HK $

Entschleunigt genießen

MANA! Fast Slow Food

Karte 3, B 9

McDonald's ade, MANA sagt der Verschwendung und dem Fleischverbrauch der Burgerketten den Kampf an und bietet ausschließlich vegetarische Burger und andere libanesisch angehauchte vegetarische Gerichte im Sinne der Slow-Food-Bewegung an. Nichts wird weggeworfen: Die Essensreste und die kompostierbaren Verpackungen werden zu Dünger verarbeitet.

92 Wellington St., Central, T 28 51 16 11, www.mana.hk, MTR: Island oder Tsuen Wan Line bis Central, Exit C, tgl. 10–22 Uhr, Gerichte ab 45 HK$ (alle Gerichte auch als halbe Portion)

Institutionen und Szenetreffs

Scandinavia goes Hongkong

Finds E 6

Der Name des etwas unterkühlt wirkenden eisblauen Restaurants ist ein Akronym für Finnland, Island, Norwegen, Dänemark und Schweden. Besondere Spezialitäten sind geräucherter Schnäpel, eine Felchenart, und der beliebte Wallenberger, ein Burger, der mit Wild zubereitet wird.

1/F, The Luxe Manor, 39 Kimberley Rd., Tsim Sha Tsui, T 25 22 93 18, www.finds.com.hk, MTR: Tsuen Wan Line bis Tsim Sha Tsui, Exit B2, Lunch tgl. 12–14.30, Afternoon Tea Mo–Fr 15–17.30, Dinner 19–22.30 Uhr, Menüs 178–400 HK$

Michelin to go

Tim Ho Wan D 1

Die lange Warteschlange vor dem wie ein Waschsalon aussehenden Lokal verrät es: Hier zaubert Küchenchef Mak Pui Gor die preiswertesten mit einem Michelin-Stern prämierten Gerichte der Welt. Die preisgekrönten *dim sum* kosten – kaum zu glauben – nur 10–15 HK$.

G/F, 9–11 Fuk Wing St., Sham Shui Po, T 27 88 12 26, www.timhowan.com, MTR: Tsuen Wan Line bis Sham Shui Po, Exit B2, Mo–Fr 10–22, Sa/So 9–22 Uhr

Probleme mit Stäbchen? So geht's!

Fish 'n' chips colonial

The Pawn Karte 3, E 10

Ein echter britischer Gastropub, untergebracht in einem alten chinesischen Pfandhaus: So etwas gibt es wohl nur in Hongkong. Hier können Sie bei riesigen

Ü
ÜBRIGENS

Ein Clou der südchinesischen Kochkunst ist die große Bedeutung der **Essenszubereitung.** Über 50 Arten werden je nach Gartemperatur, Farbe, Gewürzmischung, Zusammenstellung, Aroma, Geschmack und Aussehen der Gerichte unterschieden. Allein 15 Brat- und Frittiertechniken gibt es je nach verwendeten Kochutensilien und Vorbehandlung der Zutaten, über acht Schmormethoden sorgen für den charakteristischen Geschmack der Lebensmittel und schließlich gibt es noch diverse Methoden zum Dämpfen, Räuchern, Backen usw.

Portionen das koloniale Flair der Vergangenheit genießen oder auf der Dachterrasse einfach nur einen Drink zu sich nehmen.

62 Johnston Rd., Wanchai, T 28 66 34 44, www.thepawn.com.hk, MTR: Island Line bis Wan Chai, Exit A3, Menü ab 200 HK$, Mo–Do 12–14.30, 18.30–22, Fr 12–14.30, 18.30–22.30, Sa 11–14.30, 18.30–22.30, So 11–14.30, 18.30–22 Uhr

›Taifunküche‹
Under Bridge Spicy Crab F 10

Kreiert wurde die Typhoon-Shelter-Küche von den *boat people*, die einfach alles, was sie aus dem Hafen fischen konnten, für die Zubereitung verwendeten. Das Ergebnis dieser Tradition: leckere Krebse, Krabben und Muscheln. Spezialität ist Typhoon Shelter Crab – in Mengen – an Chili und Knoblauch.

Shop 1–2, G/F, 414–424 Jaffe Rd., Wan Chai, T 28 34 62 68, www.underspicycrab.com, MTR: Island Line bis Causeway Bay, Exit C, tgl. 6–18 Uhr, Gerichte ab 68 HK$

Essen wie bei Muttern
Les fils à Maman Karte 2

Vier Freunde taten sich für dieses französische Restaurant zusammen, um die Küche ihrer Kindheit zu neuem Leben zu erwecken. In gemütlicher Wohnzimmeratmosphäre direkt am ruhigen Pak Tze Lane Park (► S. 33) stehen kleine und große Speisen zur Auswahl, aber vielleicht möchten Sie auch einfach nur bei einem Drink die Zeit vertrödeln.

LG/F, 75 Hollywood Rd., Central, T 28 71 00 45, www.lesfilsamaman.hk, MTR: Island Line bis Sheung Wan, Exit A2, tgl. 12–22 Uhr, Gerichte ab 40 HK$

Französisch kreativ
Cochin B 9

Küchenchef Renaud Marin zaubert keine typisch französischen Gerichte auf den Tisch, sondern kreative Kompositionen, die sich an die mediterrane Küche anlehnen. Dank der zur Peel Street hin offenen Front entsteht sogar ein wenig Mittelmeer-Feeling, nur ohne Meerblick.

26 Peel St., Central, T 25 61 33 36, www.cochin.hk, MTR: Island Line bis Sheung Wan, Exit A2, Mo–Fr 8–22 (Frühstück 8–11), Sa/So 11–23 (Brunch 11–16) Uhr, Hauptgerichte ab 130 HK$

Viva España
Timón Seafood Tapas Bar & Restaurant D 11

Hippe, moderne und schlicht eingerichtete Tapas-Bar in der malerischen Nachbarschaft der Ship Street. Ob vorne auf der Veranda oder im klimatisierten Innenraum, die köstlichen, aufwendig angerichteten Gerichte lassen den letzten Spanienurlaub lebendig werden.

33 Ship St., Wan Chai, T 21 11 04 84, http://timonseafoodtapas.com, MTR: Island Line bis Wan Chai, Exit B2, Mo–Sa 11–15, 17–23.30, So 12–23 Uhr, Tapas ab 58 HK$, Menüs ab 108 HK$

Treffpunkt für Geselligkeit
Aberdeen Street Social
Karte 3 B 9

Der Name diesem im Kreativzentrum PMQ gelegenen Bar-Restaurants ist Programm. Sehen und gesehen werden, Freunde treffen oder einfach den Nachmittag abhängen. Die britische Küche gehört zur besten (leider auch teuersten) der Stadt, aber es gibt auch preiswertere Speisen für den kleinen Hunger oder Sie genießen den Tag bei

einem Glas Wein auf der Gartenterrasse.
PMQ, G/F, 35 Aberdeen St., Central, T 28 66 03 00, www.aberdeenstreetsocial.hk, MTR: Island oder Tsuen Wan Line bis Central, Exit C, dann Central Escalator bis Hollywood Rd., tgl. 12–23.30 Uhr, Hauptgerichte ab 155 HK$

Berühmte Wonton-Nudeln

Mak's Noodles B 9
1920 eröffnete Küchenchef Mak Woon Chi seinen ersten Nudelshop in der Provinz Guangdong, Ende der 1940er-Jahre expandierte er nach Hongkong und führte seine berühmte Wonton Noodle Soup zu kulinarischen Höhenflügen, die seinen Nachfahren sogar das Prädikat Best Wonton Noodle in Hong Kong eintrugen. Wenigstens einmal sollten Sie in dem Kantinenambiente, das irgendwo zwischen modern und traditionell chinesisch angesiedelt ist, die berühmte Suppe schlürfen.
75–77 Wellington St., Central, MTR: Island oder Tsuen Wan Line bis Central, Exit C, tgl. 11–21 Uhr, Gerichte ab 30 HK$

EXPERIMENTIERFREUDIG UND UNGEWÖHNLICH

Street art meets fine dining

Bibo Karte 2
Das Lokal ist die vielleicht coolste Mischung aus Galerie und Restaurant in Hongkong. Inmitten von Kunstobjekten, Graffiti und Fabrikflair der 1930er-Jahre kredenzt das Bibo gehobene französi-

GARKÜCHEN & CO.

Die Lokale in Hongkong sind verführerische Gourmettempel voller Fantasie und kreativer Ideen, nur leider können sie den Geldbeutel ganz schön strapazieren. Grund, sich auch in den Garküchenmeilen, die sich meist in den städtischen Markthallen befinden, umzusehen, wo für kleines Geld leckeres, bodenständiges chinesisches Essen serviert wird. Hier eine kleine Auswahl:

Sheung Wan Cooked Food Centre Karte 2
Im Erdgeschoss und in der 1. Etage befindet sich ein großer Markt, der ab ca. 18 Uhr schließt, in der 2. Etage sind Dutzende Garküchen versammelt, in denen sich preiswert essen lässt.
Sheung Wan Municipal Services Bldg., 345 Queen's Rd., Central, MTR: Island Line bis Sheung Wan, Exit A2, tgl. 6–2 Uhr

Nam Long Shan Road Cooked Food Market Karte 5, D 4
Helle, freundliche Garküchenmeile nicht weit von der Aberdeen Promenade.
Nam Long Shan Rd., Aberdeen, MTR: South Island Lane bis Wong Chuk Hang, Exit B, tgl. 6–24 Uhr

Woosung Street Temporary Cooked Food Hawker Bazaar E 5
Lassen Sie sich nicht von der etwas schmuddeligen Atmosphäre abschrecken, die Köche hier verstehen ihr Handwerk und zaubern in ihren Woks schnelle, leckere Gerichte.
Woosung St. / Ecke Pak Hoi St., Yau Ma Tei, MTR: Tsuen Wan Line bis Jordan, Exit A, tgl. 6–24 Uhr

Yau Ma Tei Cooked Food Market D 6
Große Garküchenmeile gleich über dem Markt, auf dem die Köche ihre Zutaten einkaufen und direkt in den Wok werfen.
17 Bowring St., Yau Ma Tei, MTR: Tsuen Wan Line bis Jordan, Exit C2, tgl. 6–2 Uhr

Mui Wo Cooked Food Market Karte 5, B 4
Hier versüßen Dutzende Garküchen das Warten auf die Fähre.
Mui Wo, Lantau, gleich um die Ecke von der Fährstation, Fähre ab Outlying Island Ferry Pier 6 nach Mui Wo, tgl. 6–24 Uhr

DAS HERZ BERÜHREN

Lin Heung Teahouse Karte 2

Ein gut gelauntes Publikum auf der Jagd nach einem schäbigen Platz an einem der Gemeinschaftstische unter sich träge drehenden Ventilatoren mit Blick auf alte Uhren, die daran erinnern, dass sich im Lin Heung Teahouse (›Duftender Lotus‹) seit 1962 nichts verändert hat, schrecken auf den ersten Blick ab. Aber dies ist der beste Ort, um wenigstens einmal einen echten, unverfälschten kantonesischen *yum cha* zu genießen. Suchen Sie sich einen freien Platz, versuchen Sie die Aufmerksamkeit der Bedienung zu erlangen und geben Sie Ihre Teebestellung auf. Für gewöhnlich trinken die Hongkonger einen milden **Po-Lay** (eine Art schwarzen Tee) oder den etwas kräftigeren **Sau-May,** der dem grünen Tee schon näherkommt. Sehr geschmackvoll ist auch **Tik-Guan-Yum** (›Eiserne Guanyin‹), eine Teesorte, die wie eine Kombination der beiden erstgenannten Tees schmeckt.

Hat man endlich den ersten Schluck getrunken, heißt es, die Bedienung mit dem vollbeladenen Wägelchen zu stoppen, auf dem sich diverse Bambuskörbchen mit den verschiedensten *dim sum* türmen. Die *dim sum,* was übersetzt so viel wie ›das Herz berühren‹ heißt, sind in ganz Südchina ein unverzichtbarer Bestandteil des kulinarischen Alltags. Dabei handelt es sich um mundgerechte Häppchen aus Fleisch, Meerestieren und Gemüse, die mit Reis- oder Hefeteig umwickelt und gebraten, gekocht oder gedünstet werden. Die *dim sum* werden zwar bevorzugt beim *yum cha* verspeist, aber mittlerweile bekommt man sie auch den Rest des Tages. Die Atmosphäre in den darauf spezialisierten Lokalen ist stets ausgelassen, laut und etwas hektisch und es ist keine Seltenheit, dass sich der Morgentee bis in die Mittagsstunden hineinzieht. Abgerechnet wird schließlich anhand der Anzahl und Art der Gefäße, die sich auf dem Tisch türmen.

G/F, 160–164 Wellington St., T 25 44 45 56, MTR: Island oder Tsuen Wan Line bis Sheung Wan, Exit A2, tgl. 6–23 Uhr, Menüs ab 100 HK$

sche Küche. Einziges Risiko: Vor lauter Staunen könnte das Essen kalt werden.

163 Hollywood Rd., Sheung Wan, T 29 56 31 88, www.bibo.hk, MTR: Island Line bis Sheung Wan, Exit A2, Mo–Fr 12-15.30, 17–1, Sa 11.30–15.30, 17–1 Uhr, Hauptgerichte ab 380 HK$

Eine geheimnisvolle Schönheit

Mrs Pound Karte 2

Mrs Pound war eine weitgereiste Varietétänzerin und Schönheit, die das Herz eines Hongkonger Geschäftsmanns eroberte. Dieser schenkte ihr das versteckte Refugium in der Pound Lane, damit sie sich von der Öffentlichkeit zurückziehen konnte. So will es zumindest die Geschichte dieses hippen Restaurants, das eine kreative Mischung aus thailändisch-europäischer Küche serviert.

6 Pound Lane, Sheung Wan, T 34 26 39 49, www.mrspound.com, MTR: Island Line bis Sheung Wan, Exit A2, Mo–Do, So 12–23, Fr 12–24, Brunch Sa/So 12–15 Uhr, Gerichte ab 120 HK$

Kulinarische Weltreise

Mr and Mrs Fox Karte 5, E 4

Modern-rustikales Ambiente trifft hier auf den Protz einer kultigen Fabriketage, die vom Hongkonger Designstudio Charlie & Rose Ltd. entworfen wurde. Das fiktive Ehepaar Fox hat auf einer ebenfalls imaginären Weltreise Rezepte gesammelt und präsentiert diese nun auf zwei Restaurantetagen. Sogar das unaufgeräumte Arbeitszimmer des umtriebigen Ehepaars kann bestaunt werden.

23 Tong Chong St., Quarry Bay T 26 97 85 00, www.mrmrsfox.com/en, MTR: Island Line bis Quarry Bay, Exit A, Menüs ab 212 HK$

Das Gift des Genusses

Foxglove B 10

Foxglove ist die englische Bezeichnung für den Fingerhut, eine geheimnisvolle Pflanze, deren Gift töten, aber auch Herzrhythmusstörungen heilen kann. Und genauso soll die französisch-italienisch inspirierte Küche das Herz erwärmen und dem Gast rundum zu Wohlbefinden verhelfen. Das Ambiente, dieses als Regenschirmgeschäft ›getarnten‹ Restaurants (ein ›Verkäufer‹ öffnet die Geheimtür zum Restaurant) ist eine hypermoderne Interpretation der ersten Klasse eines Flugzeugs. Für Nachtschwärmer gibt es bis zum frühen Morgen auch Livekonzerte.

G/F, 18 Ice House St. / 6 Duddell St., Central, T 21 16 89 49, http://foxglovehk.com, MTR: Island oder Tsuen Wan Line bis Central, Exit G, Mo–Do 12–15, 17–1, Fr 12–15.30, 17–3, Sa 17–3 Uhr, Gerichte ab 148 HK$

Hinsetzen, lesen, genießen

Dim Sum Library Karte 3 D 10

Das meditative Ambiente eines chinesischen Teehauses mit westlichem Einschlag bildet den Rahmen für dieses herrliche *dim-sum*-Restaurant. An eine Bibliothek erinnert zwar nur ein Bücherregal, aber die umfangreiche Speisekarte mit einer Riesenauswahl köstlichster *dim sum* ist eine Bibliothek für sich.

124/Level 1, Pacific Place, 88 Queensway, Admiralty, T 36 43 00 88, http://dimsumlibrary.com.hk, MTR: Island oder Tsuen Wan Line bis Admiralty, Exit F, Mo–Fr 11.30–23, Sa/So 10.30–23 Uhr, *dim sum* ab 48 HK$

Korean Wave

Bib n Hops Karte 3 E 10

Vorbei die Zeit, da man Street Food im Vorbeigehen aß. Hier können Sie innovative koreanische Street Food in einem modernen, aus Backsteinen gemauertem Straßencafé kosten. Und wenn Sie schon mal sitzen: Es locken auch die köstlichen Vorspeisen und Desserts.

Shop 13, 2/F, J Residence, 60 Johnston Rd., Wan Chai (Zugang per Lift über 18 Ship St.), T 28 82 91 28, www.bibnhops.hk, MTR: Island Line bis Wan Chai, Exit B1, Mo–Sa 12–14.30, 18–23, So, Fei 18–23 Uhr, Gerichte ab 88 HK$

Viele Inseln, d. h. unzählige Fischrestaurants mit Meerblick. Doch egal, wie viele sich wie hier auf Cheung Chau reihen: Am Wochenende sind freie Plätze rar.

Stadt im Kaufrausch

In einer Metropole, in der das Shoppen neben dem Essengehen die Hauptfreizeitbeschäftigung ist, gibt es natürlich Läden und Einkaufszentren wie Sand am Meer; eigentlich besitzt jedes Hochhaus, jede größere MTR-Station und jeder Straßenzug ein eigenes Shoppingcenter.

Shopping und Sightseeing verschmelzen in Hongkong zu einem ureigenen und unnachahmlichen Happening. Während die einen im Kaufrausch die Stadt vergessen und gerade dadurch ins Herz dieser auf Kommerz ausgerichteten Metropole stoßen, ihr innerstes Wesen durchleben und später vielleicht mit einem Kater und lauter nutzlosem Tand aufwachen, weichen die anderen besorgt zurück, stets voller Angst dem Sog des Konsums zu erliegen. Die Gefahr, in den langen, klimatisierten Schluchten des Konsums ›hängen zu bleiben‹, ist zu groß. Also hier ein gut gemeinter Rat: Am Tag der Besichtigungen die Kreditkarte im Safe einschließen und erst für den gezielten Einkaufsbummel am nächsten Tag wieder hervorholen.

Gehen Sie nie nach Büroschluss auf Einkaufstour, denn dann strömen Sie bis spätabends mit vielen Millionen Hongkongern durch die Straßen und Läden, und überall wird es gestopft voll. Die Atmosphäre ist dann zwar ausgelassen und die ganze Stadt sprüht vor Energie, aber das Einkaufserlebnis tendiert gegen Null. Am gemütlichsten bummelt es sich am späten Vormittag und am frühen Nachmittag. Dann haben die Angestellten auch Zeit für eine ausführliche Beratung.

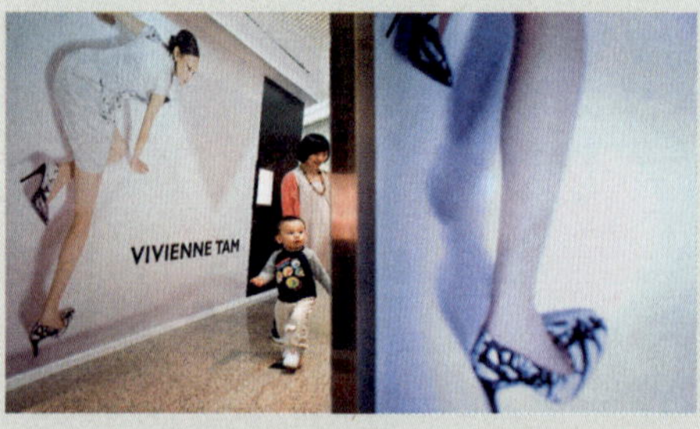

Schon Kinder wissen: Shopping ist eine Riesengaudi, schließlich gibt es jede Menge zu entdecken.

ZUM SELBST ENTDECKEN

Eine gute Gegend, um Seiden-, Samt-, Leinen- und andere Stoffe zu erstehen, ist **Sham Shui Po** rund um die gleichnamige MTR-Station der Tsuen Wan Line, wo es auch viele Textil- und Lederwarengeschäfte gibt.

Eine gute Auswahl an Schmuck und Uhren bieten die Geschäfte entlang der Yee Woo Street und Hennessy Road in **Causeway Bay.**

Wer nach Computern, Kameras oder Elektroartikeln sucht, wird am ehesten in **Wan Chai** und **Mong Kok** fündig.

Hippe und ausgefallene Modeläden, die Kollektionen jenseits der weltweit bekannten und allgegenwärtigen Markenfilialen anbieten, finden Sie in **SoHo,** vor allem in der Staunton Street, aber auch rund um Paterson, Great George Street sowie im Times Square in **Causeway Bay.**

BÜCHER UND MUSIK

Total digital
HMV G 10 und E 7

HMV bietet die größte Auswahl an aktuellen CDs und DVDs in der Stadt. Vertreten ist natürlich die gesamte internationale Musik- und Filmszene, aber es gibt auch eine große Auswahl an chinesischer Musik und Martial-Arts-Filmen. Weitere Filialen in der ganzen Stadt.

2–4/F, Pearl City, 22–36 Paterson St., Causeway Bay, www.hmv.com.hk, MTR: Island Line bis Causeway Bay, Exit E, So–Do 10–23.30, Fr/Sa 10–23.45 Uhr; Filiale: Shop UG06, UG Level, iSquare, 63 Nathan Rd., Tsim Sha Tsui, MTR: Tsuen Wan Line bis Tsim Sha Tsui, Exit E oder A1 oder East Rail Line bis East Tsim Sha Tsui, Exit L4, tgl. 9.30–23.30 Uhr

Chinaspezialist
Kelly & Walsh Karte 3, D 10

Gut sortierte Buchhandlung mit einer großen Auswahl an Titeln zu China und Hongkong und natürlich die wichtigsten Bände aktueller englischsprachiger Literatur.

Shop 204, L 2, Pacific Place, 88 Queensway, Admiralty, www.kellyandwalsh.com, MTR: Island oder Tsuen Wan Line bis Admiralty, Exit F, tgl. 10.30–19.30 Uhr

Für Bücherwürmer
Swindon E 7

Einer der letzten überlebenden klassischen Buchhändler der Stadt mit einer riesigen Auswahl an Literatur, Sachbüchern und Bildbänden. Die meisten Publikationen sind auf Englisch, aber es gibt auch eine Abteilung mit fremdsprachigen Büchern.

13–15 Lock Rd., www.swindonbooks.com, MTR: Tsuen Wan Line bis Tsim Sha Tsui, Exit H, Mo–Sa 10–20, So 12.30–18.30 Uhr

Liebenswert chaotisch
Flow Karte 3 B 9

Sie lieben Antiquariate? Dieses hier ist richtig abgefahren und ein völliger Kontrast zu den sonst so glitzerden Geschäften der Stadt. Ein Raum bis an die Decke vollgetürmt mit Büchern, die einen fern der Außenwelt in die magische Welt des Lesens entführen. Chaotisch, liebenswert und voller Schätze, die sich in den Regalen und Stapeln verbergen und der Entdeckung harren.

Room 204, Lyndhurst Bldg., 29 Lyndhurst Terr., Central, www.flowbooks.net, MTR: Island oder Tsuen Wan Line bis Central, Exit D1, tgl. 12–19 Uhr

Bücher und mehr
Eslite G 10

Das moderne Buchgeschäft zieht sich über drei Etagen voll mit Büchern aller Fachrichtungen (überwiegend auf Chinesisch, auch eine Reihe englischer Titel), aber genauso interessant sind die über alle Etagen verteilten Abteilungen für ausgefallene Lifestyle-Produkte, Geschenke, CDs, DVDs und alles, was ein Kreativherz höher schlagen lässt.

8/F–10/F, Hysan Place, 500 Hennessy Rd, Causeway Bay, MTR: Island Line bis Causeway Bay, Exit F1, So–Do 10–22, Fr/Sa 10–23 Uhr

DELIKATESSEN UND LEBENSMITTEL

Süße Geheimnisse
Sweet Secrets Karte 3, B 9

Eine Kombination aus kleiner Konditorei und Café nahe der Hollywood Road. Spezialität sind Torten aller Art, aber man bekommt man auch Sandwiches, Salate oder Quiches.

G/F, 35 Graham St., Central, www.sweetsecrets.com.hk, MTR: Island oder Tsuen Wan Line bis Central, Exit C, dann Central Escalator bis Hollywood Rd., Mo–Sa 11–19 Uhr

Supermarkt im Schiff
AEON Style H 6

Untergebracht im Unterdeck eines nachgebauten Schiffes, gehört der Supermarkt des originellen Kaufhauses AEON Style zu den besten Supermärkten der Stadt mit einer Riesenauswahl an Delikatessen, großer Weinabteilung und einer herrlichen Bäckerei voller duftender Backwaren.

G/F und Basement One, Site 5–6, Wonderful Worlds of Whampoa, Hung Hom, Kowloon, MTR: Kwun Tong Line bis Whampoa, Exit D2, tgl. 8.30–22.30 Uhr

Die Kunst des Teetrinkens
Sun Sing Tea E 7
Dieser wunderbare Teeladen ist gestopft voll mit Tees aus allen berühmten Teeanbaugebieten Chinas. Wer sich nicht entscheiden kann, darf an Teeverkostungen teilnehmen. Dazu gibt es Ratschläge zur richtigen Zubereitung. Nicht billig, aber die Qualität ist hervorragend.
16A Carnavon Rd., Tsim Sha Tsui, MTR: Tsuen Wan Line bis Tsim Sha Tsui, Exit A2 oder East Rail Line bis East Tsim Sha Tsui, Exit N2, tgl. 10–22 Uhr

Supermarkt für zwischendurch
M & S Food Karte 3, B 9
Der große und gut ausgestattete Supermarkt der Modekaufhauskette Marks & Spencer liegt inmitten der Mid Levels gleich am Central Escalator und ist eine gute Quelle, wenn man sich mit Getränken oder abgepackten Snacks für ein schnelles Mittagessen eindecken möchte.
2 Shelley St., Central, MTR: Island oder Tsuen Wan Line bis Central, Exit C, dann Central Escalator bis Hollywood Rd., Mo–Fr 7.30–23, Sa 8–23, So 8–22 Uhr

Supermarkt
Wellcome Superstore G 10
Wellcome ist die größte Supermarktkette Hongkongs mit über 250 Filialen in der Stadt. Die Riesenstores (im Gegensatz zu den allgegenwärtigen kleinen Geschäften) bieten rund um die Uhr ein enormes Warensortiment, vor allem mittags auch eine große Auswahl kalter und warmer Snacks wie Pizzas, belegte Baguettes oder Sushi.
G/F, 25–29 Great George St., Causeway Bay, www.wellcome.com.hk, MTR: Island Line bis Causeway Bay, Exit E, tgl. 24 Std.

FLOH- UND STRASSENMÄRKTE

»Mäuseware«
Cat Street A 9
► S. 29

Paradies der Düfte
Flower Market & Bird Garden E 2
Der bunte Blumenmarkt zieht sich die gesamte Flower Market Road entlang. Hier gibt es eine große Auswahl an Pflanzen. Am Ende der Straße zweigt der im Stil alter Gärten gestaltete Vogelmarkt nach Norden ab, wo man Vögel und alles zum Halten der Piepmätze bekommt.
Yuen Po St., Mong Kok, MTR: Tsuen Wan oder Kwun Tong Line bis Prince Edward, Exit B1 oder East Rail Line bis Mong Kok, Exit D, tgl. 7–19 bzw. 7–20 Uhr

Jade und Kitsch
Jade Market D 5
► S. 59

Die Obst- und Gemüseabteilungen in Hongkongs Supermärkten lassen oft sehr zu wünschen übrig, falls es sie überhaupt gibt. Die Konkurrenz auf den vielen über die ganze Stadt verteilten Märkten bietet aber auch eine unvergleichliche Vielfalt.

Ein Kessel Buntes
Jardine's Crescent G 10
► S. 43

Stoffe und mehr
Bowring Street Kleidermarkt D 6
► S. 58

Nicht nur für Damen
Ladies Market E 3–4
Auf diesem Markt, der eigentlich aus drei Märkten besteht, können Sie preiswerte Hemden, Hosen, Schuhe, Gürtel, Schmuck usw. erstehen. Parallel zum Markt verläuft östlich die Fa Yuen Street, die auch unter dem Namen Sportswear Street firmiert, da hier alles rund um den Sport im Angebot ist. Westlich des Ladies Market verläuft die Sai Yeung Choi Street, in der sich die Läden und Verkaufsstände auf Gebrauchselektronik spezialisiert haben.
Tung Choi St., Yau Ma Tei, MTR: Tsuen Wan oder Kwun Tong Line bis Mong Kok, Exit D3, tgl. 12–23.30 Uhr

Straßenmarkt
Li Yuen Street Market Karte 3, B 9
Eingezwängt zwischen Bank- und Geschäftshäusern verlaufen zwei enge Gassen, die vor allem von Ständen mit billiger Kleidung und preiswerten Accessoires gesäumt werden.
Li Yuen St. East und Li Yuen St. West, Central, MTR: Island oder Tsuen Wan Line bis Central, Exit C, tgl. 10–19 Uhr

Markt total
Stanley Market Karte 5
► S. 49

Nachtmarkt
Temple Street Market D/E 4/5
► S. 62

GESCHENKE, DESIGN, KURIOSES

Design und mehr
Muji G 10
Bei Muji, einer japanischen Kette, gibt es günstige Design- und Lifestyle-Produkte aller Art. Viele Artikel haben einen Bezug zu Honkgong.
3–4/F, Lee Theatre Plaza, 99 Percival St., Causeway Bay, MTR: Island Line bis Causeway Bay, Exit A, tgl. 11–22.30 Uhr

> Ü
> ÜBRIGENS
>
> Schmuck, Elektrogeräte, Computer usw. sollte man nur in Geschäften kaufen, die den offiziellen Aufkleber **»Quality Tourism Services« (QTS)** des Hong Kong Tourism Board aufweisen. In allen anderen Läden kann man davon ausgehen, dass man in irgendeiner Form betrogen wird. Dazu gehört, dass man statt Neuware Gebrauchtes bekommt oder die Kreditkartendaten missbraucht werden. Übrigens: Vor allem Kameras und Computer sind bei uns in Europa deutlich günstiger!

Ideenreich
G. O. D Karte 3, B 9
Die Inhaber von G. O. D. (Goods of Desire) haben nicht nur eine sehr originelle Website entwickelt, sondern auch eine ziemlich schrille Mischung aus Möbeln und Mode zusammengewürfelt. Einen einheitlichen Stil gibt es nicht. Im Vordergrund steht die Überraschung. Es lohnt sich also, häufiger vorbeizuschauen.
G/F–1/F, 48 Hollywood Rd., Central, www.god.com.hk, MTR: Island oder Tsuen Wan Line bis Central, Exit C, dann Central Escalator bis Hollywood Rd., Mo–Sa 11–21, So, Fei 11–20 Uhr

Papierkunst
Paper Art Karte 3, B 9
Schreibwaren, Stempel, handgeschöpftes Papier, Geschenkpapiere und -verpackungen – einfach alles, um ein Geschenk hübsch einzupacken.
Rm 104–106, 1/F, Tung Ming Bldg., 40–42 Des Voeux Rd., Central, www.hkpaperart.com, MTR: Island oder Tsuen Wan Line bis Central, Exit C, Mo–Sa 10–19 Uhr

Die Vielfalt Chinas

Chinese Arts & Crafts
Karte 3, D 10
Das Angebot reicht von erlesener Seide über Filigranes aus dem gesamten Spektrum chinesischen Kunsthandwerks bis hin zu einfachen Souvenirs. Nicht gerade billig, aber dafür ist die Qualität der Produkte einwandfrei.
L 2, Shop 220, Pacific Place, 88 Queensway, Admiralty, MTR: Island oder Tsuen Wan Line bis Admiralty, Exit F, tgl. 10.30–19.30 Uhr

Kreativ- und Kunstzentrum

PMQ Karte 3, B 9
In den Police Married Quarters (► S. 26) finden sich Dutzende Werkstätten und Geschäfte von Kunsthandwerkern, Künstlern und Modedesignern. Schöner lässt sich in Hong Kong nicht nach Schmuck, Mode und künstlerischen Kleinoden stöbern.
35 Aberdeen St., Central, MTR: Island Line bis Sheung Wan, Exit E2, tgl. 7–23, Studios/Ateliers meist 13–20 Uhr

MODE, ACCESSOIRES

Chinesischer Chic

Shanghai Tang D 7
Shanghai Tang ist die erfolgreichste chinesische Luxusmarke und Vorreiter für chinesischen Lebensstil und chinesische Kreativität. Ziel ist es, die traditionelle chinesische Mode mit der Dynamik des 21. Jh. zu verbinden.
1881 Heritage, 2 A Canton Rd., www.shanghaitang.com, MTR: Tsuen Wan Line bis Tsim Sha Tsui, Exit E, tgl. 10.30–20.30 Uhr

> Ü
> **ÜBRIGENS**
>
> Bevor es von China abgelöst wurde, war Hongkong die Werkbank der Welt und in einigen Hinterhöfen wird noch immer allerlei Retronippes hergestellt, der in den langsam aussterbenden Kramläden verkauft wird. Einer davon ist **Chu Wing Kee** (Karte 2; G/F, 26 Possession St., Sheung Wan, MTR: Island Line bis Sheung Wan, Exit A2, Mo–Sa 10–19.30 Uhr). Hier ist alles wunderbar kitschig und voller Erinnerungen.

Kult aus Japan

Aape by A Bathing Ape F 10
Das Label Bape ist echter Kult aus Japan und bietet in seinem schicken Outlet direkt an der Rolltreppe zur MTR Sportschuhe, T-Shirts, Jeans und Accessoires. Zugegeben, man sollte vielleicht deutlich nach 1980 geboren sein, um hier zu shoppen, aber man weiß ja nie, ob es nicht doch das eine oder passende Teil für früher Geborene gibt.
B2, Times Square, 1 Matheson Rd., Causeway Bay, MTR: Island Line bis Causeway Bay, Exit B2, tgl. 10–22 Uhr

Bunt, fröhlich, frech

Polkadot Boutique Karte 3, B 9
Wer kennt nicht den Song »Itsy Bitsy Teenie Weenie Yellow Polka Dot Bikini« (bekannt auch in der Version »Itsy Bitsy Teenie Weenie Honolulu Strand Bikini«). Doch keine Sorge, hier gibt's keine Mode der 1960er-Jahre, sondern aktuelle fröhliche, bunte und freche Mode verschiedener Marken, die das Lebensgefühl der damaligen Zeit modern interpretieren. Dazu zeigt der Laden eine schöne Auswahl an Accessoires und Schmuck.
2/F, Hollywood House, 29 Hollywood Rd., Central, www.shoppolkadot.com, MTR: Island oder Tsuen Wan Line bis Central, Exit C, dann Central Escalator bis Hollywood Rd., Mo–Sa 11–20 Uhr

Kunterbunter Mix

The Refinery Karte 3, B 9
Die Londoner Modedesignerin Elizabeth Lau hat hier Designermode, Accessoires, Taschen, Schmuck und Lifestyle-Produkte kleiner Studios und Ateliers aus aller Welt unter ihrem kleinen, aber feinen Dach versammelt. Viele Produkte sind tatsächlich nur hier erhältlich.
Unit S410, Block A, PMQ, 35 Aberdeen St., Central, www.therefinery.com.hk, MTR: Island Line bis Sheung Wan, Exit E2, tgl. 10–22 Uhr

GLITZERWELTEN

Hongkongs Shoppingmalls sind ein Geflecht miteinander durch Tunnel, *elevated walkways* (► S. 39) und MTR-Stationen verbundener, meist sehr luxuriöser, aber auch einfacherer Ladengalerien. Der Clou: Selbst an Regen- oder sogar Taifuntagen kann jeder trockenen Fußes von einem Einkaufszentrum zum nächsten bummeln.

Harbour City D 7

Hongkongs größtes zusammenhängendes Einkaufszentrum besteht aus drei Malls – Ocean Centre, Harbour City und China Hong Kong City. Insgesamt gibt es über 700 Geschäfte von der kleinen Boutique bis hin zu großen Kaufhäusern – ein herrlicher Ort, nicht nur als Zufluchtsort während eines Taifuns!

3–27 Canton Rd., Tsim Sha Tsui, www.harbourcity.com.hk, Star Ferry oder MTR: Tsuen Wan Line bis Tsim Sha Tsui, Exits A1 oder B oder East Rail Line bis East Tsim Sha Tsui, Exits L3 oder L4, tgl. 10–21 Uhr

IFC Mall Karte 3, C 9

Im Herzen des Finanzzentrums bietet die noble, lichtdurchflutete Mall immer wieder grandiose Ausblicke auf die schnell wachsende Skyline von Kowloon. Dabei flaniert man an den Filialen von Chanel, Escada, Zegna, Dior u. a., aber auch an Buchläden, Kosmetikläden und vielen Restaurants und Cafés vorbei.

C 9, 8 Finance St., Central, www.ifc.com.hk, Star Ferry oder MTR: Island und Tsuen Wan Line bis Central oder Tung Chung Line bis Hong Kong, Exit A2 oder F, tgl. 10.30–22 Uhr

Pacific Place Karte 3, D 10

Das weitläufige Einkaufszentrum ist dank seiner übersichtlichen, hellen und offenen Architektur ein beliebter Ort, um an großen Modehäusern und vielen Geschäften für Spielzeug, Bücher, Elektronik oder Schreibwaren vorbeizuflanieren. Im Untergeschoss gibt es zahlreiche gute Restaurants. Vom Pacific Place führen *elevated walkways* durch weitere Shoppingmalls bis in die entfernte IFC Mall nahe der Star Ferry.

88 Queensway, Admiralty, www.pacificplace.com.hk, MTR: Island oder Tsuen Wan Line bis Admiralty, Exit F, tgl. 10.30–23, Geschäfte bis ca. 20, Restaurants bis 22 Uhr

Jeder sein eigener Designer

Edit Karte 3, B9

Kleine, coole und unabhängige Boutique, die sich vor allem auf Mode aufstrebender und noch nicht so bekannter Modedesigner, aber auch Einzelstücke bekannter Labels, die auf Messen und Modeschauen erworben werden, spezialisiert hat. Ihr Credo lautet, jeder gestaltet sein eigenes Leben – daher der Name.

67 Hollywood Rd., Central, www.67edit.com, MTR: Island oder Tsuen Wan Line bis Central, Exit C, dann Central Escalator bis Hollywood Rd., Mo–Sa 11–20 Uhr

Pack die Kreditkarte und gute Laune ein

Hongkongs Nachtleben ist schrill, bunt, laut; es reicht vom britischen Pub um die Ecke bis zum superschicken, oft nur Mitgliedern vorbehaltenen Club in den oberen Etagen der Wolkenkratzer – nur leider: das liebe Geld kann einen ausbremsen, denn die Getränkepreise haben es in sich.

Nach dem Kassensturz ab zum ersten Höhepunkt des abendlichen Vergnügens, nämlich die Zeit nach der Arbeit. Dann füllen sich vor allem viele der zu den Straßenfronten hin offenen Bars mit Geschäftsleuten, die hier ihren Feierabend einläuten. Die zweite Welle beginnt dann meist gegen 22 Uhr, wenn die Nachtschwärmer anfangen, die Kneipen zu füllen. Blöd, dass dann keine U-Bahnen mehr fahren und die Taxen Hochkonjunktur haben. Aber es bleiben ja noch die Nachtbusse, nur sollten Sie sich schon vorher über die Abfahrtszeiten informieren. Oft können Sie auch zu Fuß gehen, aber über den Hafen geht das nicht.

Sicherheit? Hongkong mag eine Millionenmetropole sein, aber gefährliche Winkel müssen Sie nicht befürchten. Die Party kann beginnen!

Wer nicht so auf Partys steht: Die Orchester der Stadt sind auf den Bühnen der Welt zu Hause, umgekehrt lässt es sich kaum ein international bekannter Künstler nehmen, die Stadt in eine Tournee einzubauen und auch wer nur kurz in Hongkong weilt, kann einen lebendigen Eindruck von der höchst aktiven Musikszene gewinnen.

Geschüttelt, nicht gerührt – was kann schöner sein, als ein Drink über den Dächern von Hongkong?

ZUM SELBST ENTDECKEN

Lan Kwai Fong bildet das Zentrum des gleichnamigen Kneipen- und Restaurantviertels.

Weiter oben in **SoHo** (South of Hollywood Road) hat sich ebenfalls eine attraktive Bar- und Clubszene etabliert.

Kontrast gefällig? Dann ab nach **Wan Chai.** Zum einen gibt es die schummrigen Hostessenbars entlang der Lockhart Road, zum anderen die über die Lockhart Road und Jaffe Road verteilten, meist alteingesessenen Clubs und Bars mit Schwerpunkt Livemusik: tanzen bis zum Abwinken.

Den Straßenschluchten Kowloons fehlt das Flair der Szene auf Hong Kong Island und die Kneipendichte ist eher niedrig. Eine dennoch ganz gute Auswahl finden Sie in den Gassen rund um die **Hart Avenue.**

BARS UND KNEIPEN

American nights
Al's Diner Karte 3, B 10
American Diner im Stil der 1950er-Jahre und eine Bastion für die Musik der 1980er-Jahre. Angeblich gibt's hier die besten Burger der Stadt. In den letzten Jahren hat dieser Ruf allerdings gelitten. Obwohl nach vorne hin zur Lan Kwai Fong geöffnet, übersieht man diese Hongkonger Institution tagsüber beinahe.
Shop F, G/F, Winner Bldg., 27–39 D'Aguilar St., Lan Kwai Fong, MTR: Island oder Tsuen Wan Line bis Central, Exit D1, Mo–Do, So 11–1, Fr/Sa 11–3, H/H Mo–Fr 16–20 Uhr

Ruhepol
Baby B. Karte 3, B 10
In der unscheinbaren Wo On Lane, nur 100 m vom Trubel Lan Kwai Fongs entfernt, ist die kleine, rot beleuchtete Open-Air-Bar, die sich in eine winzige Gasse quetscht, ein guter Ort, um sich in Ruhe zu unterhalten, anstatt von lauter Musik zugedröhnt zu werden.
18 Wo On Lane, Lan Kwai Fong, MTR: Island oder Tsuen Wan Line bis Central, Exit D1, tgl. 18 Uhr bis zum frühen Morgen, H/H 18–21 Uhr

Deutsche Gemütlichkeit
Biergarten E 7
Wer längere Zeit in der Ferne auf Reisen war, wird nicht nur die Auswahl leckerer deutscher Biere zu genießen wissen, auch die deutsche Küche ist ordentlich. Den ›Garten‹ sucht man zwar vergeblich, es gibt ein paar Tische vor der Tür, aber das Ambiente des Lokals ist rustikal und gemütlich – ein netter Rückzugsort nach einem langen Besichtigungstag in Hongkong.
5 Hanoi Rd., Tsim Sha Tsui, http://biergarten-hongkong.com/, MTR: Tsuen Wan Line bis Tsim Sha Tsui, Exit D2, tgl. 12–2 Uhr

›Lehrstück‹
Brecht's Circle G 10
Kleine Bar, die vor allem Künstlertypen und Jazzfans anzieht. Die Einrichtung ist pseudodeutsch und etwas kitschig, aber das Brecht's ist eine echte Alternative zu den vielen lauten britischen Pubs und zieht vor allem ein Publikum aus der Nachbarschaft an.
G/F, Rita House, 123 Leighton Rd., Causeway Bay, MTR: Island Line bis Causeway Bay, Exit F, So–Do 16–2, Fr/Sa 16–4, H/H 16–20 Uhr

> **T TRENDS**
>
> Wer die neuesten Kneipen oder Clubs, Besprechungen zu den angesagten Hotspots oder zu Bars allgemein sucht, findet sie auf einer Fülle von **Websites,** darunter www.hkclubbing.com, www.hongkongbarsclubs.com, www.hiphongkong.com, www.timeout.com.hk oder www.hk-magazine.com.

Fantastische Aussichten
Ozone Bar C 6
Garant für einen superschönen Abend. Die weltweit höchste Bar liegt im 118. Stock! Die Einrichtung ist ein Feuerwerk geometrischer Strukturen. Das Beste aber ist die 360°-Rundumsicht über die Stadt, die Sie bei Tapas und Cocktails genießen können.
118/F, International Commerce Centre, 1 Austin Rd. West, T 22 63 22 70, www.ritzcarlton.com/en/hotels/china/hong-kong/dining/ozone, MTR: Tung Chung Line bis Kowloon, Exit D1, Mo–Mi 17–1, Do 17–2, Fr 17–3, Sa 15–3, So 12–24 Uhr

Schaufenster in die Mid Levels
Staunton's Wine Bar & Café
Karte 3, B 10
Den Central Escalator hochfahrend, fallen Sie sozusagen in diese alteingesessene, coole Eckbar hinein. Das Publikum ist bunt gemischt und es gibt kaum einen besseren Ort in SoHo, um die Menschen, ein Bier in der Hand, entlang der Rolltreppe zu beobachten.
G/F, 10–12 Staunton St., SoHo, www.stauntonsgroup.com/stauntons.html, MTR: Island oder Tsuen Wan Line bis Central, Exit C, dann Central Escalator bis Staunton Rd., Mo–Fr 10–2, Sa/So, Fei 9–2, H/H 17–21 Uhr

Nach Feierabend ein erster Drink in Lan Kwai Fong, bei einem Cocktail in einer der hippen Lounges in SoHo weiter hinein in den Abend – und dann wird bis zum Morgen in Wan Chai gerockt. Hongkongs Nachtleben ist einfach schön!

LIVEMUSIK

Rockpalast

Carnegies Karte 3, E 10

Auf den ersten Blick ist das Carnegies eine große Bar, die sich ganz der Rockmusik verschrieben hat. Die Wände sind mit einer unglaublichen Vielzahl an Rock-Memorabilia dekoriert. Wenn Sie dann erst einmal auf die Getränkekarte mit ihren über 350 Einträgen geschaut haben, ist klar: Der Abend kann wohl kaum langweilig werden.

G/F, Spa Centre, 53–55 Lockhart Rd., Wan Chai, www.carnegies.net, MTR: Island Line bis Wan Chai, Exit C, tgl. 11–5, H/H 11–18, Küche bis 23 Uhr

Von Rock bis House

Dusk Till Dawn Karte 3, E 10

In Hongkong wimmelt es von philippinischen Bands, von denen im Dusk Till Dawn nur die besten spielen dürfen. Die Musik umfasst die ganze Bandbreite des Pop. Ab 22.30 Uhr beginnt die Livemusik, dann wird es auf der Tanzfläche eng.

G/F, 76 Jaffe Rd., Wan Chai, MTR: Island Line bis Wan Chai, Exit A1, Mo–Do 12–6, Fr/Sa 12–7, So 15–5, H/H 17–23 Uhr

Feiern auf dem Dachgarten

Fringe Gallery & Roof Garden

Karte 3, B 10

Lassen Sie sich zwanglos auf der Dachterrasse nieder und genießen Sie das nächtliche Hongkong doch einmal aus einem ganz anderen Blickwinkel. Hier ist ein Treffpunkt für Künstler und Musikliebhaber. Fr und Sa gibt es ab 22.30 Uhr Jazz- und Rockkonzerte.

Dachterrasse, Fringe Club, 2 Lower Albert Rd., Lan Kwai Fong, www.hkfringeclub.com, MTR: Island oder Tsuen Wan Line bis Central, Exit D1, Mo–Do 12–24, Fr/Sa 12–2, H/H Mo–Do 15–21, Fr/Sa 15–20 Uhr

Eine Höhle für die Musik

Gecko Karte 3, B 9

Gemütliches Lokal in einer unscheinbaren Seitengasse nördlich der Hollywood Road, unter der Rolltreppe und unweit eines Schuppens, der wie eine Hotdog-Bude aussieht. Aber die Suche lohnt, ist dieser höhlenähnliche, spanisch aufgemachte Laden doch eine Legende unter den Orten mit Livebands. Di/Mi Jazz.

G/F, Ezra Lane, Lower Hollywood Rd., Central, MTR: Island oder Tsuen Wan Line bis Central, Exit C, tgl. 18 bis früher Morgen, H/H 18–21 Uhr

Rock live und laut

The Wanch ✪ Karte 3, D 10

Beim größten Konkurrenten des Dusk Till Dawn wird überwiegend Rock und Folk gespielt. Wenn die Bands ab 21 Uhr die Musik aufdrehen, platzen einem in der kleinen Bar zwar fast die Trommelfelle, aber die Stimmung ist blendend.

54 Jaffe Rd., Wan Chai, www.thewanch.hk, MTR: Island Line bis Wan Chai, Exit A1, Mo–Sa 12–2, So 13–2, H/H 16–21 Uhr

TYPISCH HONGKONG

Revoluzzer-Bar

Club 1911 ✪ Karte 3, B 10

Im Jahr 1911 wurde die Republik China gegründet und den Stil jener Zeit versucht diese urgemütliche Bar mit ihrer Einrichtung einzufangen. Die Beleuchtung, das bunte Glas, die abgewetzten Stühle entführen den Gast ins koloniale Hongkong. Cocktails wie der Opium Kiss, Shanghai Passion oder Hongkong Cheong Sam machen das Erlebnis 1911 perfekt.

G/F, 27 Staunton St., SoHo, www.sbs.hk/1911.html, MTR: Island oder Tsuen Wan Line bis Central, Exit C, tgl. 17–2, H/H 17–21 Uhr

Cocktails mit Schokolade

Soirée ✪ Karte 3, B 9

Düsterer Barock in Schwarz und Gold bildet das Ambiente für diese chillige Champagner- und Kaviar-Lounge. Berühmt ist die Ladies' Night am Mittwoch. Dann sind Cocktails mit Schokolade wie der Schoko-Daiquiri der große Renner. Gelegentlich Livejazz.

19 Elgin St., SoHo, MTR: Island oder Tsuen Wan Line bis Central, Exit C, tgl. 18 Uhr bis früher Morgen, Special Drink So–Do 16–21 Uhr

Über den Dächern von Hong Kong

Hooray ✪ G 10

Hongkong wie es leibt und lebt. Schöner lässt sich ein Abend kaum verbringen. Hoch oben auf einer spektakulären Dachterrasse mit eleganten Sitzgelegenheiten und können Sie bei einem Drink oder einem Gericht vom Grill den fantastischen Blick über den Victoria Harbour und die erleuchtete Skyline genießen.

P502, World Trade Centre, 280 Gloucester Rd., Causeway Bay, T 28 95 08 85, www.jcgroup.hk/restaurants/hooray, MTR: Island Line bis Causeway Bay, Exit D1, tgl. 12–23 Uhr

Die Welt der Suzie Wong

Ophelia ✪ E 11

Pfauenfedern, Pfauenbilder und Vogelkäfige an den Wänden sowie eine Einrichtung, die irgendwie an eine modernisierte Opiumhöhle erinnert, machen das Ophelia zu einem ganz besonderen Ort. Mit verschiedenen Events entführt es tief in das Hongkonger Nachtleben. Laut Eigenwerbung entgeht man hier der Langeweile des Alltags und spätestens beim ersten Cocktail entdeckt man, dass das keine leere Versprechung ist.

Shop F39A & F41A, 1/F, Lee Tung The Avenue, 200 Queen‹s Rd. East, Wan Chai, www.ophelia.com.hk, MTR: Island Line bis Wan Chai, Exit A3, Mo–Do 18–2, Fr/Sa 18–3 Uhr

Treffpunkt über der Stadt

Eyebar ✪ E 7

Auch wenn es von unten auf der Nathan Road aus nicht so wirkt: Die

HONGKONG KLASSISCH

Tickets, Infos und Programmvorschauen für Veranstaltungen (Kino, Theater, Zirkus, Musical, Konzerte) sind telefonisch bei **Cityline/URBTIX** (T 27 34 90 09, bei Zahlung mit Kreditkarte T 21 11 59 99, tgl. 10–20 Uhr) oder online unter www.cityline.com, www.urbtix.hk erhältlich. Alternativ bekommen Sie Karten auch bei den gut 40 **URBTIX-Schaltern,** z. B. in der City Hall (C 9, 5 Edinburgh Place, Central, tgl. 10–21.30 Uhr), im Hong Kong Arts Centre (Karte 3, E 10, 2 Harbour Rd., Wan Chai, tgl. 10–18 Uhr) und im Hong Kong Cultural Centre (D 7–8, 10 Salisbury Rd., Tsim Sha Tsui, tgl. 10–21.30 Uhr). Weitere Adressen: www.lcsd.gov.hk/en/ticket.

iSquare-Shoppingmall beherbergt eine der coolsten Dachterrassen-Bars der Stadt. Der Ausblick von der Eyebar – innen öffnen fast bodentiefe Fenster den Blück über den Victoria Harbour – gehört mit zu den besten der Stadt. Oder Sie setzen sich an die endlos lange Bar, wo Sie schnell mit anderen Gästen ins Gespräch kommen werden. Entspannung pur, nicht zuletzt nach einem langen Einkaufsbummel in Kowloon.

30/F, iSquare, 63 Nathan Rd., Tsim Sha Tsui, MTR: Tsun Wan Line bis Tsim Sha Tsui, Exit C1, tgl. 11.30 Uhr bis früher Morgen

KINOS

Hongkong gehört zwar zu den großen Filmzentren der Welt, hat aber anders als Holly- oder Bollywood keinen so klangvollen Namen. Der Qualität und Vielfalt tut das keinen Abbruch und Cineasten sollten wenigstens einmal eine Hongkonger Produktion vor Ort anschauen.

Großkinos

Ein ansprechendes Blockbuster-Kino, das chinesisch- und englischsprachige Produktionen zeigt, ist das **UA Cine Times** (F 10, www.uacinemas.com.hk). Das riesige **AMC Pacific Place** (Karte 3, D 10, www.amccinemas.com.hk) präsentiert die neuesten Filmen aus aller Welt. Und auch im großen, modernen **Broadway Palace IFC** (Karte 3, C 9, www3.cinema.com.hk) laufen die neuesten Hollywood- und chinesischen Produktionen.

Programmkinos

Ein kleines, aber feines Kino für anspruchsvolle Filme ist das **Agnes B Cinema** (Karte 3, E 10, www.hkac.org.hk). Entsprechend ist es auch Austragungsort des jährlichen Hong Kong International Film Festival (www.hkiff.org.hk). Auch die **Broadway Cinematheque** (D 5, www.cinema.com.hk/en) zeigt Anspruchsvolles. Das **Hong Kong Film Archive** (außerhalb H 8, www.filmarchive.gov.hk) verfügt über mehr als 4300 Filme: abwechslungsreiches Filmangebot.

Geheimtipp für Insider

Worth The Fuss F 10

Blau-weiße Kacheln, die an Azulejos erinnern, Wände aus warmen Backsteinen und eine ansprechende Einrichtung ziehen ein buntes Publikum an, das sich trotz der etwas abgeschiedenen Lage (heißt der Laden vielleicht deshalb: ›den Aufwand / die Aufregung wert‹?) allabendlich hierher verirrt. Über 60 Whiskysorten, leckere Cocktails und ausgefallene Craft-Biere lassen keine Wünsche offen. Abends sorgen DJs für gute Musik und ausgelassene Stimmung.

10 Morrison Hill Rd., Causeway Bay, www.facebook.com/barwtfhk, MTR: Island Line bis Causeway Bay, Exit A, tgl. 16–2 Uhr

TANZEN

Legendär und Glamourös

Dragon-i Karte 3, B 10

Ein Ort zum Sehen und Gesehen werden. Das Interieur zeigt chinesischen Schick: mit roten Sofas, schwarzen Fußböden und Laternen mit Drachenmotiven. Vor allem Mi ab 23.30 Uhr mutiert die Bar zum Treffpunkt der Models und der Schönen.

UG/F, The Centrium, 60 Wyndham St., Central, www.dragon-i.com.hk, MTR: Island oder Tsuen Wan Line bis Central, Exit D1, tgl. 11.30 Uhr bis in den frühen Morgen, H/H 17–20 Uhr

Partyhotspot

Drop Karte 3, B 9

Am frühen Abend präsentiert sich das Drop als eine der coolsten Bars der Stadt, in der man Cocktails nippt, bis sie sich donnerstag- bis samstagnachts ab etwa 22 Uhr in einen echten glitzernden Partyknaller verwandelt. Dann aber werden nur noch Mitglieder eingelassen.

Basement, On Lok Mansion, 39–43 Hollywood Rd., Eingang über die Cochrane St., SoHo http://

KANTON-OPER

Die Stimmen der Darsteller vollbringen im höchsten Falsett eine Tonakrobatik, die nur noch durch das ohrenbetäubende Getöse von Trommeln, Zimbeln und Flöten übertroffen wird. Auf den ersten Blick ähnelt die Kanton-Oper *(yuet kek)* der Pekingoper, aber auf ihrem Weg nach Süden hat sie eine Reihe von Eigenheiten entwickelt. Unterschieden werden die Formen *mou* und *man*, wobei die *mou*-Aufführungen um kriegerische Themen kreisen und von Akrobatik und Kampfkunst geprägt sind, während die *man*-Aufführungen literarische Themen aufgreifen und das ausgeprägte Mienen- und Wortspiel kultivieren. Eine Einführung erhält man in der **Cantonese Opera Hall** des Hong Kong Heritage Museum (► S. 78), tgl. 14.30–15.45 Uhr, Anmeldung über die HKTB-Büros erforderlich (► S. 111).
Weniger museal geht es im **Sunbeam Theatre** (✪ außerhalb H 8, Kiu Fai Bldg., 423 King's Rd., North Point, T 28 56 01 58, MTR: Island Line bis North Point, Exit A) zu. Seit den 1970er-Jahren ist die Anhängerschaft der traditionellen Kanton-Oper, die einst in die Millionen ging, zwar stark zurückgegangen, doch das Sunbeam Theatre ist einer der wenigen Spielorte, an denen diese traditionelle Opernform weiterhin ganzjährig aufgeführt wird. Das Programm wechselt wöchentlich, die Vorstellungen beginnen meist um 19.30 Uhr..

drop.com.hk, MTR: Island oder Tsuen Wan Line, Exit C, Mo–Fr 18 Uhr bis früher Morgen, Sa 21–5, H/H Di–Do 19–22 Uhr

Megaclub

Magnum ✪ Karte 3, B 10
Die Glitzerwelt des Magnum scheint die geballte Energie von Hongkongs Nachtleben in sich zu vereinen und zieht ein bunt gemischtes, internationales Partypublikum an. Zwei große Terrassen bieten die Möglichkeit, sich zwischendurch von Musik und Tanz auszuruhen. Von Mi bis Sa geben sich im Magnum internationale DJs die Klinke in die Hand.

3&4/F, Silver Fortune Plaza, 1 Wellington St., Lan Kwai Fong, www.magnumclub.com.hk, MTR: Island oder Tsuen Wan Line bis Central, Exit D1, Di–So 23–6 Uhr

Schlaflose Nächte

Insomnia ✪ Karte 3, B 10
Die offene Front, der auf die aneinander gereihten Bars von Lan Kwai Fong blickenden Kneipe, erinnert eher an das Seitenschiff einer Kirche. Von den Barhockern an der zur Straße hin offenen Front können Sie relaxt auf die vorbeihastenden Menschen hinabschauen. Die Bar im Inneren ist in zwei Kapellen unterteilt: den nach außen weisenden Teil und den Innenraum, in dem ganz unchristlich die Nacht durchgetanzt wird.

LG/F, 38–44 D'Aguilar St., Lan Kwai Fong, Central, www.liverockmusic247.com, MTR: Island oder Tsuen Wan Line bis Central, Exit D1, tgl. ab 17 Uhr bis zum frühen Morgen, H/H 17–21 Uhr

Hin & weg

Ankunft

Hong Kong International Airport: 🕮 Karte 5, B 3. Der Hongkonger Flughafen (Hong-Kong-Airport-Hotline: T 21 81 88 88, www.hongkongairport.com) liegt vor Lantau und ist durch Bus und Bahn mit Hongkong, durch Expressfähren mit Macau und Shenzhen verbunden.
Per Airport Express in die Stadt: die schnellste Verbindung in die Stadt. Endstation ist die Hong Kong Station in Central (100 HK$, 24 Min.) mit einem Zwischenstopp in Kowloon (90 HK$, 21 Min.). Abfahrten 5.54–23.28 Uhr alle 10 Min., danach bis 0.48 Uhr alle 12 Min. Unter Vorlage des Fahrscheins für den Airport Express können Sie von den Bahnhöfen in Kowloon und Hong Kong Island kostenlose **Zubringerbusse** (in Kowloon mit einem K, auf Hong Kong Island mit einem H gekennzeichnet) von und zu vielen Hotels nutzen. **Von/zur Airport Express Kowloon Station:** **K1** (6.12–23.12 Uhr, alle 12 Min.) via MTR: Jordan, Bahnhof Hung Hom, Harbour Plaza Metropolis, Whampoa Garden, Harbour Grand, Eaton Hotel, Austin Station; **K2** (6.12–23.12 Uhr, alle 12 Min.) via Marco Polo Prince, Marco Polo Gateway, The Marco Polo Hong Kong, The Kowloon Hotel, Peninsula, Royal Pacific, China Ferry Terminal; **K3** (6.12–23.12 Uhr, alle 12 Min.) via Holiday Inn Golden Mile, Hyatt Regency, Regal Kowloon, Hotel ICON, New World Millenium, Intercontinental Grand Stanford, Kowloon Shangri-La Hotel; **K4** (6.12–23.12 Uhr, alle 12 Min.) via Sheraton, Park Hotel, The Luxe Manor, Empire Hotel Kowloon, BP International; **K5** (6.12–23.12 Uhr, alle 20 Min.) via The Cityview, Metropark Hotel Kowloon, Royal Plaza Hotel. **Von der und zur Airport Express Hong Kong Station:** Linie H1 (6.12–23.12 Uhr, alle 20 Min.) via Island Shangri-La, Conrad Hong Kong, Pacific Place, JW Marriott Hotel, The Empire Hotel, Wharney Guangdong Hotel, Novotel Century, Holiday Inn Express Soho, ibis, Best Western Harbour View und Island Pacific Hotel; **H2** (6.12–23.12 Uhr, alle 20 Min.) via Empire Hotel Causeway Bay, Metropark, Regal Hong Kong, Rosedale on the Park, Park Lane, Excelsior, Harbour Grand, City Garden, Hongkong Convention and Exhibition Centre und Renaissance Harbour View Hotel.
Per MTR in die Stadt: Parallel zum Airport Express verläuft die MTR Tung Chung Line. Sie ist preiswert (19,50 HK$ nach Kowloon, 25,50 HK$ nach Hongkong), jedoch müssen Sie erst mit **Bus S1** oder **S56** vom Flughafen nach Tung Chung zur gleichnamigen MTR-Station fahren (3,50 HK$, passend zahlen!).
Per Bus in die Stadt: Es gibt elf **Airbus-Linien.** Die Busse fahren in der Regel alle 10 Min. Die durchschnittliche Fahrzeit beträgt ca. 1 Std. Nützliche Linien sind: **A11** (40 HK$) und **A12** (45 HK$), beide 6.10–0.30 Uhr nach Causeway Bay auf Hong Kong Island über Sheung Wan, Central, Admiralty, Wan Chai und North Point. Bus A12 fährt weiter via Shau Kei Wan, Chai Wan nach Siu Sai Wan; **A21** (6–24 Uhr, 33 HK$) zum MTR-Bahnhof Hung Hom in Kowloon über Tsim Sha Tsui, Jordan, Yau Ma Tei und Tai Kok Tsui; **A22** (6–0.10 Uhr, 39 HK$) zur MTR-Station Lam Tin über Kowloon MTR, Jordan, Hung Hom, To Kwa Wan, Kowloon City, Ngau Tao Kok und Kwung Tong.
Per Taxi in die Stadt: Eine Taxifahrt kostet rund 240 HK$ nach Tsim Sha Tsui und ab 290 HK$ nach Hong Kong Island.

Bahn- und Busbahnhöfe

Die Züge aus China enden an der **Hung Hom Station** (🕮 F 6), Umsteigemöglichkeit in die MTR.
Wer per Zug nach Shenzhen gefahren ist, passiert gleich links neben dem Bahnhof die Grenze. Direkt hinter dem Grenzgebäude befindet sich auf Hong-

konger Seite der **Bahnhof Lo Wu** (🕮 Karte 5, D 1) der East Rail Line zum Bahnhof Hung Hom (5.45–0.40 Uhr, 47 Min., 40 HK$).
Die **Busse aus China** halten an verschiedenen Stationen in ganz Hongkong. Einen zentralen Busbahnhof gibt es nicht.

Fähranleger

Die Fähren aus Macau und China legen am **Hong Kong-Macau Ferry Terminal** (🕮 B 8, Shun Tak Centre, 200 Connaught Rd., Central) auf Hong Kong Island oder beim **China Ferry Terminal** (🕮 D 7, 33 Canton Rd., Tsim Sha Tsui) in Kowloon an. Von beiden gelangen Sie mit der MTR oder Bussen schnell zu allen Punkten der Stadt.

Einreisebestimmungen

Ausweispapiere: Für die Einreise nach Hongkong benötigen Deutsche, Österreicher und Schweizer einen Reisepass, der bei Einreise noch mindestens für sechs Monate gültig ist. Die maximale Aufenthaltsdauer beträgt 90 Tage (Infos für eine Verlängerung: www.immd.gov.hk). Kinder benötigen ein eigenes Reisedokument und Visum.
Impfungen: nicht vorgeschrieben.
Ein- und Ausfuhr: Ein- und Ausfuhrbeschränkungen für Devisen bestehen nicht. Zollfrei eingeführt werden dürfen 19 Zigaretten oder 1 Zigarre oder 25 g Tabak sowie 1 l Wein oder Spirituosen. Die Einfuhr und der Besitz selbst geringer Mengen von Drogen wie Cannabis, Kokain oder Ecstasy werden mit harten Strafen belegt.
Weitere Informationen zu den Einreisebestimmungen bietet die offizielle Homepage der Hongkonger Zollbehörde: www.customs.gov.hk.

Informationen

www.discoverhongkong.com: Die offizielle Homepage des Hong Kong Tourism Board gibt Auskunft zu allen touristisch relevanten Fragen.
www.gov.hk: Die Homepage der Regierung von Hongkong bietet nicht nur Zugang zu den einzelnen Ministerien, sondern auch Links zu wirklich allem, was man zur, über die oder von der Stadt wissen muss oder möchte.
www.lcsd.gov.hk: umfangreichste Website zum Kultur- und Freizeitangebot der Stadt mit Infos, Preisen, Öffnungszeiten usw. zu allen Museen, Veranstaltungsorten, Sportstätten und was es sonst noch so an Freizeit- und Kultureinrichtungen gibt.

… in Hongkong

Mehrsprachige Infohotline: T 25 08 12 34, tgl. 9–18 Uhr.
Besucherinformationszentren des HKTB: am Flughafen im Terminal 1 im Übergangsbereich zwischen Halle A und B, Ankunftsebene, tgl. 8–21 Uhr; an der Grenzstation Lo Wu im Bahnhof Lo Wu (🕮 Karte 5, D 1), Ankunftshalle, 2. Stock, tgl. 8–18 Uhr; auf Hong Kong Island, The Peak Piazza (🕮 A 11) zwischen dem Peak Tower und der Peak Galleria, tgl. 11–20 Uhr; in Kowloon im Star Ferry Concourse (🕮 D 7), Tsim Sha Tsui, tgl. 8–20 Uhr.

Reisen mit Handicap

Bei Problemen hilft der Joint Council for People with Disabilities unter dem Dach des Hong Kong Council of Social Service (www.hkcss.org.hk/e/).
Infos zu öffentlichen Verkehrsmitteln: www.td.gov.hk.

Umweltfreundlich unterwegs

Mass Transit Railway (MTR)

www.mtr. com.hk. Hongkongs hocheffiziente U-Bahn besteht aus zehn Linien. Einzeltickets kosten entfernungsabhängig 4,50–52 HK$ und können an jeder Station an Automaten gekauft werden. Auf der Website finden Sie auch die Fahrpläne der Light Rail (LR), des Airport Express und der durchgehenden Intercity-Züge von Hongkong nach Kanton

(Guangzhou), Shanghai und Peking (Beijing). Tageskarten, Fahrkarten für den Airport Express und die Intercity-Züge können hier online gebucht werden.

Bus und Public Light Bus

Bus: Das extrem gut ausgebaute Busnetz in Kowloon und den New Territories wird von der **Kowloon Motor Bus Co.** (www.kmb.hk, T 27 45 44 66, tgl. 24 Std.) bedient. Das Busnetz auf Hong Kong Island wird von **Citybus** (www.nwstbus.com.hk, T 28 73 08 18, tgl. 24 Std.) betrieben. Fahrpreise müssen grundsätzlich passend gezahlt werden. Es gibt kein Wechselgeld. Busse fahren meist zwischen 5.30 Uhr und Mitternacht, danach verkehren auf vielen Strecken Nachtbusse. Ein ›M‹ hinter der Busnummer zeigt als Endstation eine MTR-Station an, ein ›X‹ bedeutet Expressbus, der nicht überall hält.

Public Light Busses (PLB): www.td.gov.hk. Dies sind preiswerte Sammeltaxis mit festen Routen. Die roten Minibusse können überall angehalten werden, die grünen haben feste Haltestellen. Je nach Strecke kostet die Fahrt 1,50–22,50 HK$.

Tram und Light Rail

Tram: Die Straßenbahnen (T 25 48 71 02, www.hktramways.com, tgl. 24 Std., Erwachsene 2,30 HK$, Kinder 1,20 HK$; passend zahlen, kein Wechselgeld) verkehren von 6 Uhr morgens bis Mitternacht zwischen Kennedy Town im Westen und Shau Kei Wan im Osten. Die meisten Linien passieren die Bezirke Central, Wan Chai und Causeway Bay, während einige über Happy Valley fahren. Der Einstieg ist immer hinten, bezahlt wird vor dem Aussteigen vorne.

Light Rail (LR): Ein Netz aus acht Straßenbahnlinien verbindet die Orte zwischen Tun Mun und Yuen Long in den New Territories. Eine Fahrt kostet 4–5,80 HK$.

Fähren

Star Ferry: T 00852 23 67 70 65, www.starferry.com.hk. Zwischen den Outlying Ferry Piers auf Hong Kong Island (Central) und Kowloon (Tsim Sha Tsui) verkehrt die Star Ferry tgl. 6.30–23.30 Uhr (7 Min., Oberdeck 2,50 HK$, Sa/So, Fei 3,40 HK$, Unterdeck 2 HK$, Sa/So, Fei 2,80 HK$). Eine Verbindung besteht auch von Tsim Sha Tsui nach Wan Chai (2,50 HK$, Sa/So, Fei 3,40 HK$).

Leinen los für das Erlebnis Star Ferry!

Fähren zu den Outlying Islands: T 21 31 81 81, www.nwff.com.hk, tgl. 24 Std. (für Lantau, Cheung Chau und Peng Chau), T 28 15 60 63, www.hkkf.com.hk, Mo–Sa 9–18 Uhr (für Lamma) fahren ab Outlying Ferry Piers in Central.

Taxis

Die ersten 2 km kosten 22 HK$, danach werden für je 200 m oder je Minute Wartezeit 1,60 HK$ fällig. Wird der Hafentunnel oder ein anderer Tunnel benutzt, kommt eine Maut (10–15 HK$) hinzu, welche die für den Fahrer erforderliche Rückfahrt durch den Tunnel enthält. Gepäck kostet 5 HK$/Stück. Nur wenige Taxifahrer sprechen Englisch, sodass Sie Ihr Ziel auf Chinesisch vorzeigen sollten.

OCTOPUS CARD

Die **Octopus Card** (Info: www.octopus.com.hk) kostet 150 HK$ für Erwachsene und 70 HK$ für Kinder und gilt für MTR, LR, Straßenbahnen, Busse sowie einige Fähren einschließlich der Star Ferry. Größter Vorteil ist, dass man kein Bargeld für die Verkehrsmittel sammeln muss (Busse, Tram und Star Ferry müssen immer passend gezahlt werden) und die Fahrten mit der MTR sind billiger, als beim Kauf von Einzeltickets. Außerdem akzeptieren viele Geschäfte, McDonald's und weitere angeschlossenen Betriebe, die Octopus Card als Zahlungsmittel. Im Preis der Karte sind 50 HK$ Pfand enthalten, das bei Rückgabe nach Abzug von 9 HK$ Bearbeitungsgebühr– nach drei Monaten vollständig – erstattet wird. Die Karte kann an den MTR-Verkaufsstellen am Flughafen oder den Servicestellen in den MTR-Stationen gekauft und an speziellen Automaten in allen MTR-Stationen aufgeladen werden. Für Touristen bietet sich der **Airport Express Travel Pass** für 250 HK$ an, der drei Tage lang für unbegrenzt viele Fahrten mit der MTR und für eine Fahrt mit dem Airport Express gilt. Für 350 HK$ dürfen Sie 2 x mit dem Airport Express fahren. Eine weitere Alternative ist der **Tourist Day Pass** für die MTR (65 HK$), der ab Entwertung 24 Std. gültig ist.

STADTRUNDFAHRTEN

Das Hong Kong Tourism Board (HKTB) bietet verschiedene, meist halbtägige **Thementouren** an. Sie richten sich vor allem an Reisende mit sehr wenig Zeit und vermitteln dem Besucher einen ersten flüchtigen Überblick. Über die Einzelheiten informieren die entsprechenden HKTB-Broschüren, die in den Besucherzentren erhältlich sind, Buchung im HKTB-Büro an der Star Ferry in Tsim Sha Tsui (► S. 111) oder über die Reservierungshotline (T 25 08 12 34).
Die Nutzung der roten Cabrio-Doppeldeckerbusse von **Big Bus Tours** (www.bigbustours.com/en/hong-kong/hong-kong-bus-tours) kostet 450 HK$/24 Std. (Abfahrten 9.30–18 Uhr). Bei diesen Bussen ist beliebiges Ein- und Aussteigen auf allen Routen (zwei auf Hong Kong Island, eine in Kowloon), erlaubt. Tickets gibt es in vielen Hotels, am Central Pier der Star Ferry auf Hong Kong Island (vor dem Zugang zum Oberdeck) und in allen 7-Eleven-Geschäften.

SICHERHEIT UND NOTFÄLLE

Diebstahl: Hongkong ist sowohl bei Tag als auch bei Nacht eine sichere Stadt. Doch wie überall, wo es viele Touristen gibt, sollten Sie auf Ihre Wertsachen achten oder sie im Hotelsafe deponieren.
Betrügereien: Lassen Sie sich nie von Schleppern in eine Schneiderei hineinziehen. Wenn Sie dort keinen Auftrag erteilen, endet der Besuch in jedem Falle mit einem handfesten Streit.
Verzichten Sie in Läden ohne QTS-(Quality Tourism Services) Symbol an der Tür auf das Bezahlen mit der Kreditkarte, da Sie hier nicht vor Datenmissbrauch sicher sein können.
Polizei, Feuerwehr, Krankenwagen: T 999.
Polizei: (allgemeine Anfragen und Beschwerden über Taxifahrer) T 25 27 17 77
Diplomatische Vertretungen: Generalkonsulat der Bundesrepublik Deutschland, T 21 05 87 88, Notfalltelefon 90 27 77 82, www.hongkong.diplo.de; Generalkonsulat der Republik Österreich: T 25 22 80 86, www.bmeia.gv.at/botschaft/gk-hongkong.html; Generalkonsulat der Schweiz: T 35 09 50 00, www.eda.admin.ch/hongkong.html.
Sperrnummern: (im Falle des Kredit- oder Bankkartenverlusts) deutsche Karten – T 0049 116 116; österreichische Karten – Maestro T 0043 1 204 88 00, MasterCard T 0043 1 717 01 45 00, VISA T 0043 1 71 11 17 70; schweizerische Karten – Maestro T 0041 44 271 22 30, Maestro/MasterCard/VISA UBS, T 0041 800 88 86 01, Maestro/MasterCard/VISA Credit Suisse T 0041 800 80 04 88, MasterCard/VISA für alle anderen Banken T 0041 58 958 83 83.

O-Ton Hongkong

do ze
多謝

vielen Dank

Is that all?

Ist das alles?
der chinesische Unterhändler Qiying zur Abtretung Hongkongs

GWÁI TAÙH
鬼頭

Teufelskopf
Bezeichnung für Leute aus dem westlichen Ausland

nei hóu
你好

Du/Sie gut
Guten Tag

Please mind the gap

Bitte achten Sie auf die Lücke.
U-Bahn-Ansage als Warnung bei Ein- und Ausstieg

›cheap‹ yéh
›cheap‹ 嘢

billiger Kram
billiger Schund, Ramsch

DÁ JEUK GUK
打雀居

schlagen (spielen) Spatz Haus
Erst Mahjong und dann das Abendessen

Please don't look at your mobile phone

Bitte schauen Sie nicht auf Ihr Handy.
warnende Ansage an Rolltreppen

maùh yàhn jí
謀人寺

Plan (zu ermorden) Mensch Tempel
Betrug! (im Restaurant oder Hotel)

Hóu ›cutie‹
好 ›cutie‹

gut süß
wie süß

daaih hōi ngáahn gaai
大開眼界

öffnen Auge Grenze
ein echter Hingucker, auch: Aha-Erlebnis

Das Klima im Blick

Reisen bereichert und verbindet Menschen und Kulturen. Wer reist, erzeugt auch CO_2. Der Flugverkehr trägt mit bis zu 10 % zur globalen Erwärmung bei. Wer das Klima schützen will, sollte sich – wenn möglich – für eine schonendere Reiseform entscheiden oder die Projekte von atmosfair unterstützen. Flugpassagiere spenden einen kilometerabhängigen Beitrag für die von ihnen verursachten Emissionen und finanzieren damit Projekte in Entwicklungsländern, die dort den Ausstoß von Klimagasen verringern helfen (www.atmosfair.de). Auch die Mitarbeiter des DuMont Reiseverlags fliegen mit atmosfair!

Abbildungsnachweis

AWL, Whitchurch (UK): Titelbild, Faltplan (Watson)
Getty Images, München: S. 120/4 (Kontributor/Sochurek)
Glow Images, München: S. 78/79 (Deposit Photos/Evgeny (Sorbis)); 46 (Deposit Photos/Hackemann); 16/17 (Deposit Photos/Rawpixel Ltd.)
iStock.com, Calgary (Kanada): S. 96 (9200b0_32); 69 (chris-mueller); 93 (Jurkatam /_e_rasmus); 86 (McFarlane); 36 (neoellis); 85 (Nikada); Umschlagklappe hinten (samxmeg); 57 (tmprtmpr)
laif, Köln: S. 8/9 (Aurora/Langley); 88, 89 (Engelhorn); 25 (hemis/Gardel); 42, 97 (Hub); 80 (imaginechina/Stringer); 90 (M. Jaeger); 120/3 (Kaiser); Umschlagklappe vorn, 92 (Le Figaro/Martin); 120/6 (Polaris/Parsons); 38 (REA/Luider); 7, 34, 51 (Schwelle); 109 (Sinopix/Jones)
Look, München: S. 22 (age fotostock); 54 (Hoffmann); 4 o. (travelstock44)
Mauritius Images, Mittenwald: S. 20 (age fotostock/Price); 120/5 (age fotostock/Switucha); 120/9 (Alamy/Art Collection 3); 82 (Alamy/Behnke); 74 (Alamy/Bower Hong Kong); 72, 106 (Alamy/dbimages); 120/8 (Alamy/Far East Illustrated); 70 (Alamy/Foto 28); 60 (Alamy/Gerald); 58, 91 (Alamy/Hamblin); 45 (Alamy/Henry); 77 (Alamy/Lyndon Giffard Images); 29 (Alamy/Metselaar); 63 (Alamy/myLam); 120/1 (Alamy/Photo 12); 4 u. (Alamy/Prisma by Dukas Presseagentur GmbH); 120/7 (Alamy/Russel); 40 (Alamy/Trower); 98 (Alamy/Vallecillos); 26 (Alamy/VisualHongKong); 64 (imageBroker/Schöfmann); 35, 100 (Photononstop/Soreau); 112 (robertharding/Alexander);120/2 (United Archives); 62 (Warburton-Lee); 48 (Warburton-Lee/Trower); 103 (Westend61/hsimages)
Schapowalow, Hamburg: S. 14/15 (4Corners/Draper); 66 (Niehuus); 12/13, 30, 104 (SIME/Rellini)
Zeichnungen S. 2, 11, 22, 43, 57, 62, 69: Gerald Konopik, Fürstenfeldbruck
Zeichnung S. 5: Antonia Selzer, Stuttgart

Kartografie

DuMont Reisekartografie, Fürstenfeldbruck

Umschlagfotos

Titelbild: Zu Papier gebracht – vielerorts teilen Gläubige so ihre Hoffnungen, Wünsche und Danksagungen den Göttern mit.
Umschlagklappe hinten: So kann man sich irren, respektive so irrte Lord Palmerston: International Finance Centre 1 und 2 auf Hong Kong Island.

Hinweis: Autor und Verlag haben alle Informationen mit größtmöglicher Sorgfalt geprüft. Gleichwohl sind Fehler nicht vollständig auszuschließen. Alle Angaben erfolgen ohne Gewähr. Bitte schreiben Sie uns! Über Ihre Rückmeldung zum Buch und Verbesserungsvorschläge freuen sich Autor und Verlag:
DuMont Reiseverlag, Postfach 3151, 73751 Ostfildern,
info@dumontreise.de, www.dumontreise.de

FSC
www.fsc.org
MIX
Papier aus verantwortungsvollen Quellen
FSC® C124385

1. Auflage 2018

Autor: Oliver Fülling
Redaktion/Lektorat: Britta Rath
Bildredaktion: Oliver Fülling
Grafisches Konzept: Eggers+Diaper, Potsdam
Printed in China

Kennen Sie die?

Bruce Lee

Seine Karriere ist eng mit der Hongkonger Filmindustrie verbunden. Hier wurde Lee (1940–73) zu einem der größten Kampfsportler des 20. Jh. und zur Ikone des Martial-Art-Films.

Queen Victoria

Königin Victoria (1819–1901) war nie in ihrer Kronkolonie, die sie wohl auch nicht wirklich interessierte, aber sie fand es ausnahmsweise sehr ›amüsant‹, dass ihre Tochter Victoria vielleicht Prinzessin von Hongkong werden könnte.

Cyd Ho

In einer Welt, in der nur Geld und der opportunistische Blick auf China zählen, kämpft Ho (geb. 1954) für allgemeines Wahlrecht, Chancengleichheit und vor allem für die Rechte von Schwulen, anderen Minderheiten und Frauen.

Sir Robert Hotung

Hotung (1862–1956), Geschäftsmann, Philanthrop und Financier der Chinesischen Revolution von 1911, wurde als erster Chinese von einem britischen Monarchen, König George V., geadelt.

Der Regenschirm

Als Schutz gegen das von der Polizei gegen die Aktivisten der ›Regenschirm-Revolution‹ 2014 eingesetzte Pfefferspray machte er Karriere und wurde Symbol des Kampfes für mehr Demokratie in Hongkong.

Jackie Chan

Chan (geb. 1954) kreierte die ›Marke‹ Jacky Chan und ist einer der erfolgreichsten Kampfkünstler, Schauspieler, Regisseure, Drehbuchautoren und Produzenten der Hongkonger Filmindustrie.

Vivienne Tam

Tam (geb. 1959 in Kanton) ist das Modegesicht der Stadt, verbindet chinesischen und westlichen Stil. Einige Kreationen fanden sogar den Weg ins Andy Warhol Museum.

Li Ka-shing

Mit 15 musste Li (geb. 1928) die Schule verlassen und in einer Plastikfabrik schuften, mit 19 gründete er seine eigene – und wurde einer der reichsten Männer der Welt.

Lord Palmerston

Für den britischen Außenminister Palmerston (1784–1865) war Hongkong eine karge Insel ohne Perspektive und so entließ er die für die Annexion Verantwortlichen.